내나라 내땅

내나라 내땅

초판 1쇄 인쇄 • 2017년 3월 20일
지은이 • 이기순
펴낸이 • 이승훈
펴낸곳 • 해드림출판사
주 소 • 서울 영등포구 경인로 82길 3-4(문래동1가 39)
센터플러스빌딩 1004호(우편07371)
전 화 • 02-2612-5552
팩 스 • 02-2688-5568
E-mail • jlee5059@hanmail.net

등록번호 • 제2013-000076
등록일자 • 2008년 9월 29일

* 책값은 표지에 있습니다
* 잘못된 책은 바꿔드립니다

ISBN 979-11-5634-183-3

내나라 내땅

이기순 지음

조물주가 만들어준 그대로의 저 맑고 푸른 물엔
하늘도 산도 청청한 나무도 이 골짜기 모든 자연이 녹아 있다.

해드림출판사

[권두시]

아, 백두산

1

배달겨레의 어미산
한반도 등줄기가 비롯되는 곳
여기 백두대간의 비롯점
하늘못〔天池〕에 이르러
무릎 엎디어 흙냄새를 호흡하곤
지심(地心)으로부터 솟구쳐 오르는
겨레의 생명수에 손을 담그네.

장백산이 아닌 백두산
오천 년 유구한 역사를 돌이키며
천고의 무심한 세월 앞에
내 나라 내 땅이 거룩하여
주체할 수 없이 벅차오르는 마음
소리없는 흐느낌 감격의 느꺼움에
미낭 뜨거운 눈물만 떨군다.

2

천지신명이 하늘과 땅을 만드실 제
우리에게 허여해 주신 이 산하.
이 땅에 태어난 행복감
배달의 핏줄을 이어받은 축복 앞에
그저 가슴이 터지고 목이 메니
광야의 만주 벌판을 달리던
고구려의 웅혼한 말굽소리가
반만 년 겨레의 노래 아리랑 선율이
지금 이 순간 귓전을 울려댄다.

두 팔을 벌려 하늘을 떠받들고
눈이 시리도록 백두의 영봉을 우러르며
남(南)이여 대한도, 북(北)이여 조선도
겨레여 하나 되어 영원하라
역사여 끊임없이 전진하라
두 손 모아 목청껏 고함을 외쳐
경건히 무릎 꿇어 기도하노라.

3

반도의 끝 지리(智異)에서 대간을 따라
첫 발자국을 내디딘 고난의 국토순례
설악을 넘고 진부령을 지나
향로봉 녹슨 철조망에 막혀
허리 잘린 강토를 통곡하였더니
잃어버린 역사의 땅 남의 울타리를
돌고돌아 허위허위 찾아온 발길.

그 얼마나 목을 빼고 그리던 백두인데
서(西)으로 북(北)으로 두 번을 오르고
드디어 겨레의 요람 천지에 서서
이 뼈와 살을 길러준
영혼의 생명수까지 마시었나니
아, 그지없이 거룩하옵신 한겨레
우리는 영예롭고 자랑스러운 후예였노라.

2006. 8. 18.정오
백두산 천지에서

[목차]

3

4

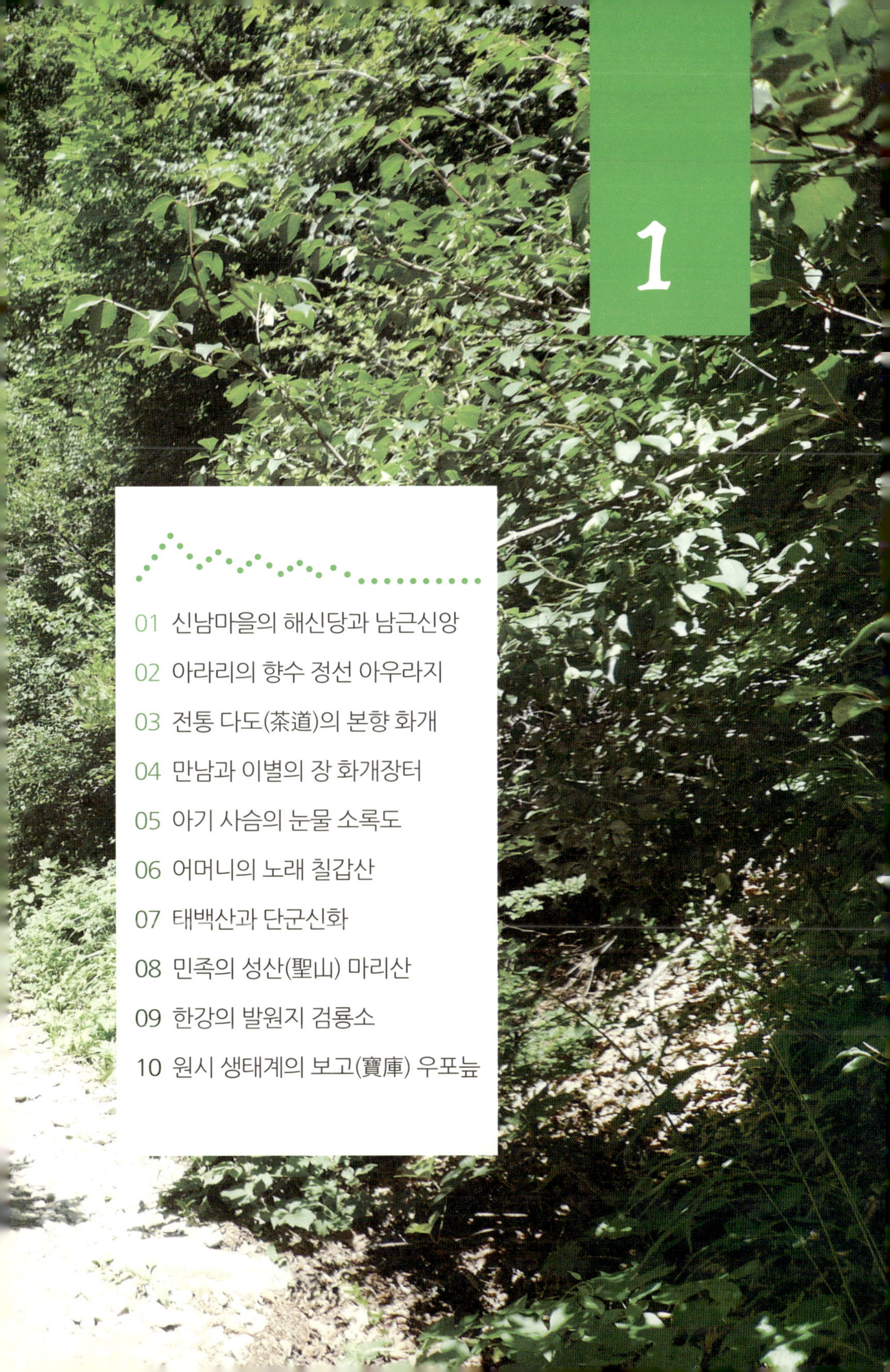

1

01 신남마을의 해신당과 남근 신앙

▲ 100여 개의 남근상으로 단장된 해신당공원

삼척에서 동해안을 끼고 7번 국도를 내려가다 보면 근덕 용화를 지나 신남리 마을에 이르게 된다. 횟집촌으로 유명한 임원 포구 바로 전에 있는 마을이다. 바닷가로 바짝 달라붙어 이어지는 삼척 경내의 산길 도로는 동해안에서도 으뜸의 절경을 자랑하는 곳이다.

굽잇길을 감돌아 언덕을 올라칠 즈음에 '해신당 공원' 팻말이 발길을 산 아래쪽 마을로 내려가란다. 30여 가구가 옹기종기 모여 있는 조그만 갯마을-

젊은 날 군 생활을 이 지방에서 보낼 때는 가난의 티가 닥지닥지 묻어나던 마을이었는데, 지금의 신남마을 모습은 세월만큼이나 달라져 보인다. 집들도 듬성듬성 새 건물로 바뀌고, 고샅길까지 포장이 되어 마을 앞 모래밭은 주차장으로 변해 해신당을 찾아오는 관광객들의 발길을 붙잡아 맨다.

마을 북쪽 끝머리, 나지막한 산줄기가 끝나는 바위벼랑을 오르면 짙푸른 해송이 바닷바람을 막아섰고, 그 솔숲에 퇴색한 당집 건물이 바다를 등지고 앉아 있다. 이름하여 해신당(海神堂). 바다를 생명의 밭으로 살아가는 갯사람들에게 바다의 신은 고기잡이의 흉풍을 좌우하는 절대의 존재였다. 자연 현상의 섭리에 순응하며 소박한 삶을 운명으로 이어가던 소박한 심성들이 빚어낸 것이 내륙에서는 서낭당이요, 바닷가 사람들에겐 해신당이었다.

▲ 신남마을의 온갖 소망이 깃든 해신당

따라서 어느 마을에나 동구 밖이나 고갯마루, 바다를 내다보는 언덕배기에 딩집이 흔히 있었다. 내 기억으로도 삼척 지방에만도 해신당은 여러 곳이 있었다. 추암이나 용화에도 있었지만, 특히나 이곳 신남이 유명했던 것은 당집에 모신 해신의 유래에서 기인한 탓이리라.

옛적 아주 오랜 옛적, 마을에 사랑하던 남녀가 있었다고 했다. 총각이 처녀를 배에 태우고 해초가 많은 바위섬에 건네다 주고는, 저녁에 데리러 오겠다는 약속을 하고 나왔단다.

그런데, 저녁 무렵이 되자 풍랑이 사나워져 배를 띄워 들어갈 수가 없었다. 몰려오는 파도에 휘몰리던 처녀는 결국 애원을 남긴 채 파도에 묻혀 버렸고, 총각은 처녀의 모습을 그리워하며 시름을 앓았다.

이후로 마을엔 고기잡이가 되지 않았음은 물론이요, 사람들이 바다에 빠져 죽는 변고가 자주 일어나곤 했다. 하루는 총각의 꿈속에 처녀가 나타나 혼인을 이루지 못한 한을 풀어 달라 했다. 그래, 처녀의 원혼을 달래주기 위해 당집을 짓고, 남근(男根)을 깎아 걸어두었더니 후환이 사라졌다는 이야기가 전해 온다.

▲ 해신당에 모셔진 애랑 처녀의 화상

해신당엔 녹색저고리에 다홍치마를 곱게 차려입은 낭자의 화상(畵像)을 모셔두고, 양편엔 향나무로 깎아 만든 남근을 아홉 개씩 엮어 삼색 천으로 둘러 벽면에 걸쳐두었다. 마을 사람들의 솜씨로 대충 깎기는 했지만, 남근의 모습은 손아귀에 거머쥐기 어려울 정도로 굵고 탱탱하다.

이후로 마을에서는 해마다 정월대보름과 음력 시월, 성기(性器)가 가장 크다는 말(馬)의 날인 첫 오일(午日)을 택해 목봉(木棒) 남근을 바치는 당제를 오늘날까지 지내오는 것이다. 해신제에 제관으로 참여했던 이들이 그 해엔 풍어로 큰 소득을 올린다니, 해신의 신통력이 있기는 있는 모양이다.

시남마을부터가 옛 모습이 아니게 관광객으로 넘치고, 해신당이 있는 산자락은 이제 잘 단장된 공원으로 탈바꿈되었다. 해신당으로 올라가는 초입부터 키를 넘는 남근 조각상들이 우람하게 버티고 있어 달라진 풍경에 눈이 휘둥그레진다.

계단을 따라가며 크고 작은 울퉁불퉁한 남근상들이 좌우에 즐비하다. 삼척시 당국에서 국내외 유명 조각가들을 불러 '남근 깎기 대회'를 열어 100여 개의 작품을 선정하여, 여기에 세워두고 남근조각공원으로 꾸몄다니, 아마도 남근공원으로는 세계적으로 가장 잘 꾸며진 곳이 아닌가 여겨진다.

▲ 남근은 불꽃처럼 솟는 생명력의 상징이다

▼ 바다를 향해 울부짖는 총각의 형상

해신당에서 도로 쪽 산비탈은 온통 남근 전시장이다. 크기도 모두가 대작이기도 하려니와 그 색깔이며 형상이 참으로 다양하고 이채롭다. '재수 없는 여자는 넘어져도 뜨거운 국솥에 넘어지고, 재수 좋은 여자는 가지 밭에 넘어진다.'는 속담이 있거니와, 신남의 바다 처녀들은 죽어서나마 남복(男福)이 터졌다고나 할까.

수십 개의 남근상이 무엔 듯 그리움에 가득 찬 눈빛으로 바라보는 바위섬엔, 밀려오는 파도에 들락거리며 해랑의 처녀상이 손짓하고 있다. 신남 마을의 남근상을 둘러보면서도 전혀 외설스럽다는 느낌이 들지 않는다. 찾아오는 이들이 만지고 쓰다듬으며 농을 걸기도 하고, 어느 이는 득남의 소원을 빌기도 하겠고, 때로는 혼자만의 속마음을 하소연하기도 하리라.

▼ 억울하게 물귀신이 된 애랑 처녀의 모습

'애랑'의 전설과 소박한 민초들의 정성은 차라리 외경스럽다. 신남의 남근제는 바닷사람들의 생활이요, 성스런 신앙이었다. 절실한 소망의 대상이며 동시에 소박한 민심의 표상으로 수백 년 마을을 지켜온 수호신이다.

남근 숭배 사상은 생산과 풍요를 기원하는 민간신앙으로, 인류가 생존하는 어느 곳에서나 볼 수 있는 원시적 민간 종교라 할 수 있다.

남근이나 여근 형태의 돌이나 사물들을 세우거나 모셔두고, 마을의 악귀를 구축하기도 하였으며, 왕성한 생식력과 건강한 생명관을 의탁하는 대상으로 삼아왔다. 성(性)은 개인적이기는 하나 모든 생명체의 본능이며 삶의 공통적인 요소다.

뿐만 아니라 생식을 위한 수단이고, 생활을 윤택하게 이끌어 주는 활력소이기도 하다. 그러나 일그러진 현대의 성도덕과 비교해 보면, 우리 조상들의 성 의식은 차라리 조화롭게 열어두고 이를 사회 통제의 한 수단으로 삼아왔다, 음양의 화합을 우주 질서의 근원으로 삼고 삶의 방편으로 여기며, 건전한 성문화와 미풍양속을 지켜온 것이다.

남근마을 신남의 아름다운 어촌 풍경과 그들의 오붓한 인심은 오늘의 소비적 향락 사회에 작은 교훈을 일깨워 주고 있다.

02 아라리의 향수 정선 아우라지

▲ 골지천과 왼편의 송천이 합쳐지는 아우라지 전경

아우라지 뱃사공아 배 좀 건너 주게
싸리골 올동박이 다 떨어진다
떨어진 동박은 낙엽에나 쌓이지
잠시 잠깐 임 그리워 나는 못살겠네.

정선 아라리 가락을 들으면 가슴 밑바닥에서부터 소용돌이치는 알지 못할 회한과 동경, 정처 없이 떠나고 싶은 역마의 충동을 억제할 수가 없다. 무어 그리 한 많은 삶도 아니겠건만 노랫말 하나하나의 간절한 사연들. 애절하다 못해 금방이라도 한숨과 뒤섞여 속울음이라도 터뜨려야 할 만큼 절절한 가락. 속 깊은 곳에서 터져 나오는 아픔 같은 그런 류의 감정을 억제할 수가 없음은 웬 탓이런가.

그래 틈이 나면 고개를 넘고 강을 건너 정선 산골짜기를 찾아든다. 발길을 나설 적마다 거르지 않고 아우라지를 한 바퀴 도는 일은 산골 나그네의 빠뜨릴 수 없는 산 팔자 물 팔자.

서투른 정선 아리랑의 가락을 읊조리며 터덜터덜 찾아가는 아우라지 길. 그 길은 오래 잊었던 연인을 만나러 가는 설렘의 길이요, 한평생 타관을 유전하다 고단한 발길로 옛집을 찾는 이의 향수와도 같다.

아우라지는 천삼백 리 굽이굽이 한강 줄기의 시원이 되는 깊은 곳이다. 동으로는 태백의 검룡소에서 발원한 한 잔의 물이 임계를 거치며 골지천이 되어 여기에 이르고, 서북으로는 황병산에서 시작한 물줄기가 횡계와 배나드리를 돌아 송천을 이루어 아우라지에서 골지천과 합류된다. 두 개의 물줄기가 아우러진다 하여 아우라지.

▲ 아우라지 노래비

아우라지가 비단 정선뿐이겠는가. 임진강과 한탄강이 합수되는 곳도 아우라지요, 북한강과 남한강이 만나는 '양수리' 역시 '두물머리'다. 뿐인가 유관순의 고향 '아우내' 병천도 마찬가지다. 골지천이고 송천이고 여기까지는 천(川)으로 냇물이고 여울이나, 아우라지부터는 물의 양이나 그 흐르는 폭이 강을 이룬다. 이름하여 조양강이 시작되는 것이다.

조양강이 정선 읍내를 지나면 동강이 되고. 영월에 이르러 서강을 만나면 남한강이 되니, 아우라지야말로 한강이란 물줄기의 시원(始源)이라 해도 좋다.

정선은 여기 일대를 골골이 휘돌아 흐르는 물이 정답고 첩첩한 연산의 두메산골이어서 더욱 좋다. 강줄기를 따라 떠도는 나그네 길은 유장하게 흐르는 물처럼이나 한없이 유정하다.

서두의 '아라리' 가사는 정선 아리랑을 대표하는 애정편의 가사 한 구절이다. 아라리 노랫말은 정형이 없다. 누구든 가슴 속의 응

▼ 떠나간 임을 기다리는 아우라지처녀상

어리를 아라리 곡조에 맞추어 풀어내면 그것이 곧 아라리의 가사가 된다.

그러기에 대충 알려진 가사만도 500여 편. 대개의 내용은 청춘남녀의 애절한 사랑을 노래한 애정과 첩첩 산골에 갇혀 살아야 하는 응어리진 삶의 표현들이다. 때로는 어린 신랑의 성장을 기다려야 하는 나이든 신부의 자탄이나 남편을 뗏목꾼으로 떠나보내고 기다리는 아낙네들의 가슴에 맺힌 신세 한탄이 주조를 이룬다.

처음에는 가락에 얹지 않고 바쁜 사설로 엮어지다가 단조로움이 덜어지면서 호흡이 긴 가락으로 이어진다. 전문 노래꾼이 아닌 토박이 산골민들의 투박한 음정과 음색. 애조 띤 느낌의 콧소리는 다듬어지지 않은 이웃 촌부의 가락이다. 가락이 구슬프고 구성진 것은 민초들의 한이 그만큼 깊었던 탓이 아닐까.

산이 깊고 높아서 울고 들어왔다가 나갈 때는 순박한 인심에 다시 울고 나간다는 정선의 인심과 산수를 드러냄이기도 한 것이겠다. 그 가락엔 온갖 삶의 땟국물이 그대로 묻어나서 더없이 좋다.

아우라지에서 터 박고 살아온 어르신이면 어느 누구를 잡고 들어보아도 아라리 한 곡쯤은 읊조려 댄다. 옛적 내 어머니께서 들일을 하시며 흥얼거리던 소리도 따지고 보면 '괴산 아라리'가 아니었을까.

그만큼 정선의 아라리는 생활 속에서 묻어난 삶의 소리요, 꾸밈이나 과시를 드러내기 위한 소리가 아닌 것이다. 정선 아리리엔 사연도 많다. 애정편도 산수편도 수심편, 조혼편도 모두가 다 서러운 이야기들이 담겨있다.

▲ 송천 합수 지점의 돌다리

눈이 올라나 비가 올라나 억수장마 질라나
만수산 검은 구름이 막 모여든다.

명사십리가 아니어든 해당화는 왜 피며
모춘삼월이 아니라며는 두견새는 왜 울어.

강원도 무형문화재 제1호 '정선 아라리' 아우라지엔 여전히 남쪽의 여량리와 북쪽의 유천리를 건네주는 나룻배가 있어 노랫말의 운치를 더해준다. 물론 훨씬 아래쪽에 잘 놓인 현대식 다리가 있고, 근래에는 강을 건너는 돌다리와 징검다리도 만들어 놓았다.

그러나 역시 나룻배를 타고 건너야 아우라지의 정취를 느낄 수 있고, 조양강 물 가운데서 골지천과 송천의 두 물줄기를 바라보아야 아우라지를 실감할 수 있다. 두 물이 만나는 건너편 삼각점엔 '애정편'의 주인공인 '아우라지 처녀상'이 강줄기를 하염없이 내려다보고 있으니, 이곳 아우라지는 '정선 아라리'의 발생지고 본향이다.

▲ 여랑과 유천리를 건네주는 나룻배

▼ 골지천 합수머리에 새로 놓인 반달형 교량

장마로 물이 늘어 만날 수 없는 임이며, 멀리 떠나가 소식이 없는 야속한 임을 기다리는 처녀의 애틋한 표정은 보기에 따라서 애처로움을 자아내게 한다.

구절리역이 외떨어지면서 정선선 꼬마열차의 종착지가 된 아우라지. 역 이름도 여량역에서 아우라지역으로 바뀌었으니, 아우라지는 이름만큼이나 유서가 깊고 정한이 깃든 곳이다.

03 전통 다도(茶道)의 본향 화개

▲ 화개 차 시배지 전경

차(茶)를 마시는 것을 옛 선인들은 군자의 기질과 덕을 지니는 일이라 했다. 차는 정신을 맑게 하고 심성을 순화시키며 행동거지까지를 겸손하게 해준다. 고결한 인품과 학덕을 갖춘 사람을 다인(茶人)으로 칭송할 만큼 수도승이나 명상을 즐기는 선비들에겐 차를 마시는 풍습이 일반화되었다. 궁중에서도 차를 전문적으로 취급하는 다방(茶房)을 설치해 각종 행사에서 다례의식이 빠짐없이 이루어지도록 했다.

'다례(茶禮)'라는 용어에서 나타나듯 본래의 모든 의식은 차를 올리는 것으로 시작되었는데, 후대에 차를 대신해 술이나 다른 음료로 점차 바뀌어 온 것을 알 수 있다. 오늘날에도 큰 사찰이나 여행자 휴게소에 찻집, 다실, 다원 등의 간판을 걸어두는 것은 잠시나마 차 맛을 음미하여 몸과 마음을 편안히 쉬라는 의미이려니.

운길산 수종사 다실 삼정헌에서 두물머리를 내려다보며 기울이는 차 맛이나 강진 백련사 다실에 앉아 동백숲 너머 잔잔한 바다를 바라보며 코끝에 감도는 다향에 취하노라면 그 순간 고적한 분위기를 즐기며 우화등선의 상념에 잠길 수 있어 좋다.

일찍이 한국 다도의 중흥조인 초의(草衣) 선사는 두륜산 일지암에 머물며 「동다송(東茶頌)」에서 다음과 같이 일렀다. '지리산 화개동에는 사오십 리에 걸쳐 차밭이 펼쳐있는데 다전(茶田)이 골짜기이고 난석(爛石)이어서 차를 기르기에 가장 좋은 곳으로 여기서 생산되는 차가 맛도 최고'라고 갈파했다.

▼ 찻잎을 이용한 '찻잎마술'의 한정식

오늘날이야 남도 각처에서 차를 재배하고 다양한 상표로 많은 차 제품이 나오지만 역시 지리산 화개동천을 들어서면 다도의 본향이라는 느낌이 절로 일어난다. 가파른 산비탈이 보이느니 초록의 차밭 물결이요, 골짜기를 따라 들어가노라면 곳곳이 아담하고 조촐한 찻집들이다. 화개의 차밭은 평지의 기름진 땅에 고랑을 만들어 깔끔하게 다듬어 놓은 인공미 넘치는 녹차 밭의 풍경이 아니다.

집채만 한 바윗돌이 지천인 경사면에 땅 모양 생긴 대로 흩뿌려진 상태로 차나무가 빼곡하게 들어선 말 그대로의 야생차밭들이다. 대규모의 널찍한 밭은 좀처럼 보이지 않고 거의가 올망졸망한 모양들이니 한눈에도 지형 그대로의 자연을 닮은 풍경들이다.

예부터 지리산 화개골에서 자생하는 것들은 모두가 '녹차'라 하지 않고 그냥 '차'로 기록하고 그렇게 불러왔다. 녹차는 일본강점기에 외부에서 들여다 심고 현대적 농법에 의해 대량으로 생산된 것들을 가리키는 새로운 명칭이다. 애써 구별한다면 '차'에는 전통적인 의미와 고유의 맛이 내포되어 있다면, '녹차'에는 외래적이고 시장 유통을 위한 현대적 상품이라는 개념으로 보아도 좋을 듯하다. 따라서 화개 골짜기 바위틈에서 자라 소규모 수제품으로 생산된 것들만이 온전한 전통차라 할 수 있다.

보성을 녹차의 고장이라 한다면 화개는 전통차의 본고장이다. 그렇다고 지리산 기슭에서 생산된 것들이라 해서 모두가 전통차는 아니다. '지리산 녹차'라는 표현은 전통적인 '작설차'의 범주에 포함될 수 없다.

▲ 차를 처음 들여온 '김대렴공 차시배지추원비'

쌍계사 입구 화개면 운수리에 가면 '차 시배지' 비석이 있다. 1985년 한국차인연합회가 이곳이 차를 처음 심은 곳임을 공식적으로 인정하고 '김대렴공 차시배추원비'를 세워 역사적 의미를 확실하게 규정지어 놓은 것이다. 근래 들어와 일부에서 시배지에 대한 논란이 일면서 구례의 화엄사 입구 장죽전에도 같은 비를 세우기도 했다.

남도 지방의 산야 곳곳에 차나무가 드문드문 자생하기는 했으나 화개처럼 온 고을에 자생 차나무가 집단 서식하고 있는 곳은 없을뿐더러 차 농사를 업으로 삼아 내려온 곳도 거의 이곳이 유일하다. 고문헌에도 대개가 화개 차에 대한 기록뿐으로 타 지역의 차를 언급한 것은 드물다. 그만큼 화개는 옛적부터 차의 본고장이요 다도 문화의 요람으로 인식되었다.

▼ 삼국사기의 기록을 그대로 새겨두었다

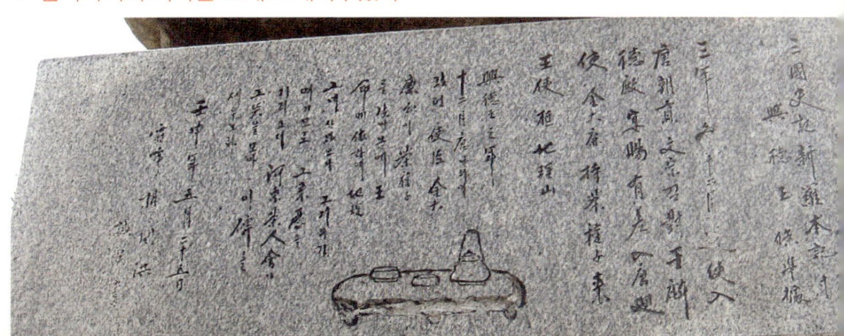

차 시배지에 대한 기록은 고려 시대의 『삼국사기』에 처음 나타난다. 신라 42대 흥덕왕 3년(828년)에 김대렴이 당나라에 들어갔다가 차 종자를 가져와 지리산에 심었다고 전한다. 그 외에도 조선조의 『동국여지승람』, 『동국통감』 등에 같은 기록이 있다.

장죽전 시배를 주장하는 이는 『화엄사지』에 인도의 고승 연기조사가 화엄사 창건과 함께 차종자를 심었다 하고, 구한말의 국학자 이능화는 가락국의 시조 수로왕의 비인 허 씨가 인도에서 가져왔다고 또 다른 이야기를 제기하기도 한다. 그러나 차 농사의 본거지가 화개임을 부정하는 이는 아무도 없다.

쌍계사 윗동네 목압마을의 단천재(檀闡齋)는 전통 수제 차의 산실로 정평이 나 있다. 내 것 우리 것을 아끼고 사랑하는 이들이 꼭 한번은 찾는 곳이다. 나그네들이 찾아들어 차를 사 마시는 상업적인 다실이 아니라 대대로 내려오는 차 농법에 의지해 온전한 전통차를 생산하는 전업농가이다. 단천재의 주인 정소암 여사는 부모님의 대를 이어 고향에서 전통차의 명맥을 지켜가는 이 땅의 진정한 다인(茶人)이요, 다선(茶仙)이다. 많은 이들이 현대 자본주의 경제논리에 매달릴 때도 그는 우직하게 옛것을 고집하며 차 가꾸기, 제조 방법 등, 차 농사의 모든 과정을 철두철미 옛것을 지키며 전통차 연구와 개발에 모든 정열을 바치고 있다.

화개 사람들은 태어날 때부터 차 만드는 것을 보고 자란다고 한다. 차 농사는 화개 사람들의 생업인 동시에 운명이었다. 차 농사

▲ 지리산 화개골의 포근하고 아늑한 풍경

를 짓는 것은 그야말로 여인들의 한과 눈물로 얼룩진 베 짜기와 다름없는 고되고 힘든 과정의 연속이다. 봄철이 되면서 퇴비주기, 가지치기를 시작으로 곡우 전후에는 최고의 맛과 향을 자랑하는 우전차와 세작을, 입하 이후엔 중작차를 때를 놓치지 않고 따고 덖어내야 한다. 화학비료와 농약을 주고 모든 공정을 기계의 힘을 빌면 몸도 편하고 일도 쉽지만 단천재의 잭살과 초인목은 일일이 수작업으로 빚어낸 제품들이다. 잭살은 작설을 이 지역에서 일컫는 말로 발효차를 뜻하고, 초인목(草人木)은 정소암 여사가 차 '茶' 글자를 풀어서 표기한 덖음차를 지칭하는 용어다.

작설(雀舌) 글자 그대로 참새 혓바닥 정도 크기의 찻잎을 따는 일은 노련한 여인네들이 온종일 채취해도 1kg 이상 채취가 어렵다니 얼마나 힘든 작업인지 짐작이 간다. 따온 찻잎은 잡티를 가려내고 키질을 해서 걸러낸 다음 가열된 무쇠솥에서 맨손으로 직접 덖어내고 다시 멍석에다 광목을 깔고 비벼서 채반에 널어 말린다. 이 같은 작업을 여러 번 반복할수록 차가 더욱 순하고 부드러워지는 것이다.

▲ 전통 수제차의 요람 '단천재'

단천재에서는 잭살과 초인목 외에도 철 따라 온갖 야생초와 약재들로 새로운 우리 차를 개발하기도 한다. 이처럼 전통은 단순히 옛것만을 따르고 맹목적으로 고수하는 것이라기보다 시대정신에 맞추어 새로운 '우리 것'을 개발하고 창조해 나갈 때 더욱 발전하고 가치를 빛낼 수 있다. 온고지신의 자세와 마음가짐이야말로 단천재를 이끌어가는 주인의 참모습이 아니던가.

04 만남과 이별의 장 화개장터

▲ 화개장터 비

화개장터는 나의 의식 속에 늘 향수와 같은 아득한 그리움으로 자리하고 있다. 내가 태어난 곳도 아니고, 그렇다고 그곳에서 자라기니 잠시 살아본 것도 아니요, 나 자신 직접적인 인연이나 그 어떤 작은 추억이 서려 있는 곳도 아니다.

그럼에도 불구하고 그 이름이 낯설지 않고 친근하게 다가오며, 때로는 금시 달려가고 싶을 정도로 불현듯 솟구치는 진한 애수에 홀로이 가슴 저리기도 한다.

벽소령에서 시작하여 칠불암을 거쳐 흘러내린 지리산 맑은 물이

▲ 십리 벚꽃으로 유명한 화개동천

섬진강 줄기와 맞닿는 곳에 자리한 작은 장터 마을 화개(花開).

쌍계사에 이르는 봄날의 화사한 벚꽃길도, 하동 포구 팔십 리에 돛배 흘러가는 풍경도, 섬진강의 3대 명물인 재첩과 은어, 민물게도 화개의 상징이다. 거기다가 조영남의 노래를 타고 더 많은 사람의 귀에 익게 되고, 지역 정서 완화를 위한 화합의 장소로 떠올려지면서 유명세를 치르고 있다.

▼ 영호남인들의 화합의 장터 마당

▼ 오면 또 가야하는 장돌뱅이의 향수

▼ 경상·전라·동서를 이어주는 섬진강 남도대교

경상, 전라 두 지역을 이어주는 지리적 요충이기에, 전국의 어느 시장보다도 많은 장돌뱅이가 모여들고 거쳐 갔을 것을 짐작하기는 어렵지 않다.

지리산 화전민들이 고사리, 더덕, 감자 등을 가지고 와서 팔고, 구례나 함양 같은 내륙 사람들은 쌀이나 보리를 가져오고, 하동이나 광양 사람들은 해산물을 메고 지고 찾아들었을 게다. 이 모든 것이 어울려 지금이야 남도(南道)의 명소가 되었더라만, 내게 두고는 김동리 단편『역마(驛馬)』의 무대로 깊이 새겨져 있다.

-주막을 꾸려가며 홀로 살아가는 어머니 옥화와 떠돌이 중과의 스쳐 가는 인연으로 낳게 된 아들 성기의 삶-

핏줄의 내력으로 사주팔자에 역마살이 끼어 정처를 잡지 못하는 아들을 부처님에 의지하여 잡아두고자 쌍계사로 보내보기도 하고, 화개장터에 책장사 작은 좌판을 마련해 주기도 했다.

그러던 어느 날, 떠돌이 체 장수 영감이 딸 계연이를 맡겨놓아, 성기가 애정을 느끼고 잠시 마음을 잡는 듯했다. 그러나 계연의 머리를 빗겨주던 옥화가 귀볼 뒤의 점을 통해 자신의 이복동생임을 확인하면서, 성기와 계연의 사랑은 원초적으로 이루어질 수 없는 운명이었다.

체 장수는 36년 전 남사당으로 화개에 왔다가 주막집 여인과 하룻밤 놀고 갔다는 자신의 아버지였다. 체 장수가 돌아와 계연을 데리고 구례 쪽으로 가버리고, 성기는 며칠 몸져누웠다가 엿판을 짊어지고 육자배기 가락을 부르며 계연이가 갔던 길과는 반대 방향인 하동 쪽으로 역마살 따라 머나먼 길을 떠나간다.

▲ 소설 '역마' 속의 한 장면

역마살로 표상되는 동양적 운명관은 성기의 삶이며, 또한 나 자신 한평생 살아오고 또 가야 할 길이 아닌가 싶다. 내 사주에도 떠돌이의 살(煞)을 면하기 어렵다 하지 않던가. 어려서부터 아무 데고 흘러 다니기를 좋아했고, 장날이면 약장수를 따라가거나 등짐 행상을 따라 팔도를 유랑하고 싶은 충동을 억제할 수가 없었다. '메밀꽃 필 무렵'의 허생원 삶을 언제고 한번 해보고 싶었다.

숙명에 순응하는 토속적이고 샤머니즘적인 삶이 패배나 도피는 아니다. 쉰 굴레에 순종하며 허무를 수용하는 것은 행복한 일일 수도 있다. 눈요기 상품으로 꾸며진 토산품 가게나 키를 넘는 높다란 노래비, 행락객들이 득시글거리는 관광지가 내가 바라는 화개장터의 모습은 아니다.

열일곱 해 전 겨울, 이곳에 들렀다가 거리의 유숙자와 아침을 같이하며 자식들로부터 버림받은 사연을 듣던 그때처럼, 이름 없는 사람들이 역마의 뜨내기로 스쳐가는 곳.

화개장터는 이별의 장소이며 한 서린 육자배기가 흐르는 그런 땅이다.

05 아기 사슴의 눈물 소록도

▲ 단절의 땅 소록도를 이어주는 소록대교

그 이름도 그지없이 예쁘고 귀여운 소록도(小鹿島). 아기 꽃사슴이 한가로이 초원을 노니는 천상의 낙원이란 이미지이러니, 땅 이름만으로도 무한한 동경과 그리움을 자아내게 하는 곳이 바로 소록도 섬이다. 허나 그 이름이 너무 고와 세상이 시기하고 질투를 했음인가, 한센인은 무엇이고 천형의 땅은 또 무엇이더냐. 일찍이 문둥이 시인으로 낙인찍힌 한하운의 시편들이 너무 애처로워 '보리피리' 소리가 닐니리 들려오는 계절이 되면 멀고 먼 전라도 황톳길을 몸살처럼 달려야 했다.

▲ 가지런한 송림이 아름다운 소록도병원 입구

▼ 한센인의 전문 치료 기관인 국립소록도병원

남도 땅 고흥반도의 맨 끝자락 녹동항까지 허위허위 찾아온 발길이 소록대교 앞에서 나도 모르게 그대로 굳어버린다. 물길을 건너야 했을 때는 더는 갈 수 없어 예서 멈추어 버리든, 지그시 눈을 감고 되돌아서야 했을 터이지만 저렇게 육중한 다리를 건너지 못하고 주저앉아 버리다니. 지금 이 다리는 그냥 섬과 뭍을 연결해주는 단순한 구조물이 아니요, 차안(此岸)과 피안(彼岸)을 구분 짓던 경계선을 이어주고 천국과 지옥으로 나뉘었던 녹동과 소록도를 맺어주는 거룩하고도 숭엄한 인연의 가교라고나 해야 할까 보다.

건너다 뵈는 저기 사슴의 섬이 한 세기에 이르는 동안 눈물과 한으로 얼룩진 금단의 땅이었다니 그저 가슴이 먹먹해지고 무엔지 울컥 뜨거운 것이 목구멍을 치밀어 오른다. 하늘이 벌로 내린 불치의 병이라 몰아붙이며 절해고도의 작은 섬에 유폐되었던 한센인들의 절규가 아직도 해풍에 실려 들려오는 듯하다.

소록도의 슬픈 운명은 1916년에 조선총독부에 의해 설립된 자혜병원에서 시작된다. 처음 100여 명으로 출발하여 국립소록도갱생원을 거쳐 일제 말기인 1940년대에 이르러서는 6,000여 명이나 되는 환자들이 수용되었다고 한다. 해방 후 다시 '국립소록도병원'으로 시설 규모가 확장되면서 소록도는 세상 사람들의 기억 아득한 저편, 차마 들어가기 어려운 곳으로 각인되었다.

소록대교를 건너 새롭게 다듬어진 도로를 따라 주차장에 이르면 바닷가 절경을 따라 아름드리 해송들이 가지런히 늘어섰다. 병원으로 들어서는 입구다. 남실대는 저 쪽빛 물결이, 생기가 넘쳐흐르는 진초록 송림들이 고달팠던 이들의 얼룩진 생애를 어이 알까마는, 길 가운데쯤의 표지판엔 '수탄장(愁嘆場)' 세 글자가 선명하다. 병든 부모와 그 자식이 철조망을 사이에 두고 만나던 곳이다. 살점이 문드러져 일그러진 얼굴을 뵈지 않으려 등을 돌려 바라보는 부모나, 그 같은 부모를 안쓰러워하면서도 차마 손길을 내밀지 못하던 자식이 함께 비운을 탄식하던 자리다.

▲ 참사 57주년 만인 2002년에 건립된 나환자 추모비

산모롱이를 돌아 병원 앞에 서면 가장 먼저 만나는 것이 바로 애한의 추모비. 해방을 맞아 자치권을 요구하다 처참하게 살해당한 원생 84명의 원통한 영혼이 바다를 등지고 서 있고나. 병원 건물을 끼고 뒤로 오르면 산자락 끝에 낡은 지붕의 자료관이 두 동(棟). 한센병 치료를 위해 쓰였던 치료 기구들과 그들을 옥죄고

고문했던 발틀과 대발 등이 전시되어 있다. 여기 전시된 한하운 시집과 소록도를 배경으로 한센인들의 아픈 역사를 그린 이청준의 소설「당신들의 천국」은 갱생원의 아픈 역사를 보는 것 같아 순간 강한 전율이 전신을 타고 흘렀다.

아름다운 소록도 경관의 백미는 병원 뒤뜰에 위치한 중앙공원이다. 6,000여 평의 넓은 터에 팽나무, 종려나무, 삼나무, 팔손이나무 등의 다양한 관상수와 기암괴석의 정원석들이 잘 어우러져 이국적인 풍취를 자아낸다. 잘 단장된 정원으로 가꾸기 위해 이곳 한센인들의 피와 땀이 배어있음은 물론이다. 1933년 제4대 갱생원장으로 부임한 일본인 수호 마사키(周防正季)의 한센인에 대한 경멸과 혹독한 탄압은 극에 달했다. 정원 한복판에 자신의 동상을 세우고는 신사(神祀)와 함께 참배할 것을 절대적으로 강요하며 악명을 높여갔다. 그러다 수호 원장은 부임 9년 만에 환자인 이춘상의 칼에 찔려 최후를 맞았다. 지금이야 동상은 없어지고 대신 비석만이 남아있을 뿐이다. 일본의 한센병 잡지는 이토오를 저격한 안중근을 제1의 흉악범으로, 수호를 살해한 이춘상을 제2의 흉악범으로 지목했다 하니, 이춘상의 의거는 한센인만의 울분을 넘어 민족적 분노의 표현이라 해도 좋을 듯하다.

▼ 중앙공원에 위치한 불운의 시인 한하운 시비

수호 원장의 비 앞에 커다란 평반석이 있으니, 이것이 곧 시인 한하운의 자연석 시비다. 수직으로 세우지 않고 땅바닥에 누워있는 매끈한 돌판엔 그의 대표작「전라도 길」과 더불어 뭇사람들의 입에 회자되는「보리피리」전편이 새겨져 있다.

보리피리 불며 / 봄 언덕
고향 그리워 / 피-ㄹ 닐리리

보리피리 불며 / 꽃청산
어린 때 그리워 / 피-ㄹ 닐리리

보리피리 불며 / 인환(人寰)의 거리
인간사 그리워 / 피-ㄹ 닐리리

보리피리 불며 / 방랑의 기산하(幾山河)
눈물의 언덕을 지나 / 피-ㄹ 닐리리

한하운은 함경남도 함주 태생으로 북경대학을 졸업하고 공무원으로 근무하다 나병이 발병하여 소록도에 들어와 요양을 하며 많은 시를 썼다. 천형의 병고를 서럽도록 구슬프게 읊고 있는 그의 시편들은 애조 띤 가락으로 많은 이들의 심금을 울렸다.

공원의 몇 개 비석 중 또 하나 애련한 여운을 남겨주는 것은 오스트리아의 두 분 수녀님에 대한 공적비다. 간호학교를 나온 마리안느와 마가레트 두 사람은 조국을 떠나 머나먼 아시아의 작은 나라 한국의 외딴섬에 와서 버림받은 한센인들을 위해 일생을 모두 바쳤다. 장갑도 끼지 않은 손으로 환자들의 피고름 상처를 어루만지고, 고국에서 보내온 생활비마저 환자들을 위해 내놓으면서 40년이 넘는 세월을 한센인들과 함께 하다 1960년대 초 이곳을 떠났다. '이제 나이가 들어 외려 환자들에게 짐이 될 수 있다.'는 쪽지 한 장만을 남기고 슬며시 떠나버렸다는 얘기에 마음이 숙연해진다. 병들어 고통받는 이들을 위해 자신을 버렸던 것은 그들의 숭고한 인간애와 참된 신앙의 힘이 아니었겠는가.

두 분 수녀님의 애정이 깃든 천주교회를 한 바퀴 돌아보곤 인권탄압의 상징이었던 감금실과 검시실을 살펴본다. 방구석 한쪽에 변기가 함께 놓여있는 감금실은 감방 그 자체의 모습이요, 한센인들의 생체를 도려내던 수술대가 있는 검시실은 도살장 분위기다. 벽면에 걸린 환자 이동(李東의 「단종대」 시 한 편이 통한의 과거사를 들려준다.

그 옛날 나의 사춘기에 꿈꾸던
사랑의 꿈은 깨어지고
여기 나의 25세 젊음을
파멸해 가는 수술대 위에서
내 청춘을 통곡하며 누워있노라
장래 손자를 보겠다던 어머니의 모습

내 수술대 위에서 가물거린다.
정관을 차단하던 뜨거운 메스가
내 국부에 닿을 때
모래알처럼 번성하라던
신의 섭리를 역행하던 메스를 보고
지하의 히포크라테스는
오늘도 통곡한다.

한센인에 대한 정책은 치료에 있기보다 그들을 사회로부터 격리시키고, 후사를 끊어 버리는데 초점을 두었다. 후손의 출산을 막기 위해 남성에게는 정관수술을, 여성에게는 불임수술을 강제로 감행하였던 것이다. 이른바 단종(斷種) 수술로 그들에겐 인권이란 단어조차도 사치스럽게 여겨졌던 것인가.

▼ 한센인들의 인권 탄압 본거지인 감금실과 검시실

유전적 질병으로 터부시했던 문둥병은 이제 미신이 아니고 과학이다. 현대 의학의 발달로 감염이 거의 줄어들고 치료도 가능해졌다. 그러나 완치 후에도 얼굴과 손에 나타나는 그 흔적으로 그들은 끝내 인간 세상 속으로 돌아오지 못하고 있다. 찾고 싶은 가족도 가고픈 고향도 그들에겐 영원한 불귀의 대상일 뿐이다. 지금도 소록도국립병원은 관사지대와 병사지대로 구분되어 저쪽 병사지대는 접근 불가의 지역이다. 저곳은 창살 없는 감옥이요, 그들은 쉬 만나기 어려운 이방인이다. 그지없이 어질고 착한 저들이 바로 아기 사슴이러니, 소록도는 '당신들만의 천국'이 아닌 '우리들 모두의 천국'으로 기억될 수는 없을까.

06 어머니의 노래 칠갑산

▲ 칠갑산 노래비

콩밭 매는 아낙네야 베적삼이 흠뻑 젖는다
무슨 설움 그리 많아 고개마다 눈물 심누나
홀어머니 두고 시집가던 길 칠갑산 산마루에
울어주던 산새 소리만 어린 가슴 속을 태웠소.

▶ 콩밭 메는 우리네 어머니 상

가요 '칠갑산'은 추억 속의 어머니가 그리울 때 부르는 어머니의 노래요, 어린 시절 고향의 산천이 파노라마처럼 떠오를 때 부르는 고향의 노래다. 가요라고는 하지만 서구 리듬의 현대 음악적인 가락이 아니요, 전통 민요의 투박하고 유장한 선율이 한국인의 정서와도 잘 어울리는 노래다. 대중가요라기보다는 국악가요라고 칭하는 편이 더 잘 어울릴 수 있겠다.

여기에 향토적 서정의 노랫말이 부르는 이의 가슴을 애련하게 휘저어 놓아 음악적 장르에 구애됨이 없이 우리 모두 누구나가 즐겨 부르는 한국인의 노래다.

간혹 노래방을 들를 때는 칠갑산 가락에 취해 목청을 높여보기도 했다. 한평생 가난한 농부의 아내로 살다 가신 내 어머니에 대한 추억을 되새기며 오늘 칠갑산 노래의 고향을 찾아 흥얼거리는 콧노래와 함께 발길은 칠갑산을 재촉한다.

동쪽의 정산면에서 36번 국도를 따라 서쪽 대치면과 청양읍으로 가는 길목이 칠갑산 자락을 넘어가는 고개가 한티재, 이곳이 대치(大峙)로 큰 고개라는 뜻이겠거니. 오늘날이야 토목 기술의 발달로 대개의 큰 고개들이 시원하게 터널이 뚫려 차량이 휙휙 지나치기 일쑤다. 여기 칠갑산 한티재도 터널 덕분에 가쁜 숨을 몰아쉬며 굽이굽이 감아 오르던 옛길은 세인들의 기억 속에 묻혀 버렸다. 칠갑산 고즈넉한 노랫가락을 나직이 읊조리며 산골 나그네의 발길은 휘적휘적 고갯길로 들어섰다. 주말이라고는 해도 오는 이, 가는 이도 별로 없이 아직은 겨울바람이 차가운 탓인가 산새 소리조차 멎어 버렸고나.

▲ 산새 소리만 고요한 한티고갯길

고갯마루가 가까워질 무렵 산자락에 외딴 여막이 하나. 콩밭 매는 아낙네의 상이 길손을 기다리고 섰다. 무명옷 차림에 수건을 머리에 두른 우리들 어머니의 모습이다. 호미자루를 쥐고 한여름 뙤약볕에 쪼그리고 앉아 점심도 거른 채 해가 산마루에 걸리도록 김을 매던 가난한 시절의 어머니는 오늘의 우리 자식들에게 애련의 상징이었다. 또 한편으로는 억척같이 가난을 헤치고 자식들에게 풍요를 물려주신 구원의 여인상이기도 하다.

가난한 홀어머니를 남겨두고 시집을 가야 하는 노랫말 속의 어린 딸에겐 눈물이 한이 되어 방울방울 맺혀있다. 어려운 집안 형편으로 어느 여염집 민며느리로라도 팔려가는 모습이 아니런가, 나직나직 울음을 삼키며 홀어머니 곁을 떠나가는 어린 가슴엔 멧새 소리마저 아련한 메아리로 서러움을 흔들어대지 않는가.

작사자 조운파 선생의 고향은 부여군 은산면이다. 고향을 오가는 길엔 언제나 칠갑산을 넘어야 했다. 1978년 어느 날에도 칠갑산을 넘어갈 때 한 무리의 콩밭 매는 아낙네들을 보고 노랫말을 지었다 한다. 콩밭 매는 아낙네는 저려 오는 가난 속에서 고단한 삶을 이어가는 산골 여인들이다. 노랫말에서 배어 나오는 깊은 슬픔 속에는 체념과 통한이 절절히 묻어난다.

노래의 곡조 또한 긴 여백과 여운이 묻어나는 전통적인 가락이다. 끊어질 듯 이어지고 휘어져 감기 우는 멜로디는 우리네 정서가 깊게 밴 울림의 소리다. 그러기에 '칠갑산'은 현대 대중가요라기보다는 국악가요라 하지 않는가.

노래 '칠갑산'은 1978년 가수 윤상일이 처음 불렀으나 별 반응을 얻지 못하고 묻혀 있다가, 1990년 대학가요제 출신 가수 주병선에 의해 크게 히트하면서 순식간에 불멸의 국민가요로 자리매김하였다.

▲ 칠갑산 정상에 있는 비

▼ 천 년 고찰 장곡사

칠갑산(七甲山)은 동쪽으로는 청양군의 정산면과 서쪽의 대치면을 구분 짓는 산이다. 산의 높이라야 고작 561m로 그리 높은 산이 아니기는 하나 충남의 알프스라 불릴 만큼 산세가 험준하고 경관이 아름답다. 흔히 오대산에서 시작하여 치악산을 거쳐 충북의 오갑산, 경기 안성의 서운산, 천안의 광덕산을 지나 이곳 칠갑산에 이르는 산줄기를 차령산맥으로 이른다. 그러나 남한강을 건너오며 맥이 끊기고 장호원, 안성 일대를 지나오면서 구릉지대가 되어 실상 차령산맥은 존재하지 않는 것으로 봐야 한다. 산은 물을 건너지 못하고 물은 산을 넘지 못한다는 논리가 고개로 적용된다. 마찬가지로 광주산맥(廣州山脈) 역시 운길산 예봉산까지 달려오다 팔당에서 한강에 의해 산의 연맥이 끊기고 말았다. 일제 강점기의 잘못된 산맥 이론이 아직까지 사용되고 있는 것은 학문에서 식민지 잔재를 청산하지 못한 탓이다.

우리 국토의 산줄기에 대한 인식은 조선 후기 실학자인 신경준의 산경표(山徑表)에 의해 정확하게 설명이 된다. 산경표에서는 산줄기가 분수계(分水界)를 이루어 하천과 하천을 구분하는 역할을 한다. 이런 점에서 산경표의 산지 인식 체계는 하천을 중심으로 형성된 생활권과 문화권을 파악하기에 유리하다. 백두산을 정점으로 우리 국토 전체를 1대간 1정간 13정맥으로 구분하여 정리하였다. 따라서 산경표에 따르면 칠갑산은 금북정맥- 금강 이북의 산줄기에 속한다.

한티고개 마루엔 노래공원이 있고 휴게소가 있다. 구한말 애국지사이며 의병장인 면암 최익현 선생의 동상 또한 칠갑산을 지키고 섰다. 한티고개에서 칠갑산 정상에 이르는 길은 대체로 평탄한 길이다. 칠갑산의 고도 자체가 높지 않지만 어디 높이나 산세만을 가지고 명산을 가리겠는가. 1973년 도립공원으로 지정된 바, 지천구곡(之川九曲)과 잉화달천의 경승은 칠갑산을 도립공원으로 지정할 만큼 장관을 이루었다. 갑(甲)옷을 입은 일곱 장수가 나올 일곱 명당이 있다 하여 칠갑산으로 유래되었다. 또 한편으로는 만물생성의 7대 근원의 칠(七)과 생명의 시원인 갑(甲)을 합하여 칠갑으로 이름 하였다고 전한다.

▼ 장곡사 입구의 장승공원

07 태백산과 단군신화

▲ 백두대간의 마루산 '태백산' 석비

망경대(望鏡臺) 차운 머리
구름 안개 끼둘리고
서리꽃 자작 능선
서설(瑞雪)조차 한 빛인데
하늘 땅 하얗게 열려
태백(太白)이라 일러라

초하루 동해 일출
새해가 부시누나
신시(神市)에 터를 닦아
삶을 이은 겨레들아
한배검 높으신 성덕
유구(悠久)를 밝히소서
〈태백송(太白頌), 필자 지음〉

태백산은 한반도의 중추를 이루는 백두대간의 마루산(宗山)이며, 또한 태백 소백 두 산맥의 모산(母山)이 된다. 남북으로 금강·설악·오대·두타산의 맥락을 백암·주왕산을 거쳐 부산의 금정산까지 연계시켜 주고, 서남으로는 소백·속리·덕유·지리산을 거느리며 경상과 충청 및 전라를 가름하는 대산맥을 낳고 있다. 1,567m의 높이를 자랑하면서 산을 찾는 이들의 발길이 사계절 내내 성시를 이룸은 겨레의 성산이란 이미지를 내포하는 까닭이기도 함이렷다.

어떤 이는 그 산세나 경관이 별스럽지 못하다고 불평도 하더라만, 산심(山心)이란 대상에 구애 없이 뜻에 따라 발 닿는 곳 모두가 사랑스럽고 소중하게 느껴질 때 생기는 국토애가 아니겠는가. 향미 좋은 음식만 골라 편식하는 식성을 나무라듯이, 시식(視食)만을 구하려 산을 오른다면 요설(妖舌)이란 힐책을 면하기 어려울 것이다.

▲ 아득한 상고시대부터 전해오는 천제단의 위용

물론 교통이나 경치도 산행의 불가결한 요건이지만, 태백산 이름이 주는 위압감 숭고함이 우리 겨레 누구에게나 다가서고 싶은 산으로 자리매김한 것임이 틀림없다. 많은 이들이 태백산을 찾고 천제단을 오르는 연유는 개국 시조 단군의 신화를 오늘에 재음미하며 겨레의 뿌리를 확인하는 성지 순례의 거룩한 의미이기도 함이겠다.

새해 첫날이 밝으면서 일찌감치 오름길을 시작한다. 백단사(白檀寺) 일주문을 지나 가파른 길을 반 시간여 오르면 평퍼짐한 고갯마루 반재 위에 올라선다. 정상 망경대까지 반이 된다는 뜻이던가. 청원사에서 당골 계곡으로 올라오는 길이 반재에서 합치되는 관계로 여기서부터는 줄곧 외길로 뻗는다. 고사목 군이 나타나고 수목의 키 자람이 반재를 기준으로 상하대(上下帶)가 구분된다.

낮은 구름 떼가 산허리를 감돌아 날아간다. 등에 지고 올라온 함백산(咸白山, 1,572m)이 보일 듯도 하다만, 운무의 시샘은 노출을 꺼린다. 문수봉(文殊峰) 이마가 언뜻언뜻 순간적으로 보일 뿐, 사방의 시야는 불투명한 상태의 지속이다. 산죽이 무성한 오솔길로 산신각 터를 돌아서면서 희뿌연 안개를 헤집고 망경대가 저만큼 슬그머니 웅자를 드러낸다. 흩뿌리던 눈발도 한 걸음 앞서 멎고, 눈앞에 전개되는 백화경(白花境)은 온통 설화와 수빙(樹氷)만으로 그려진 백화경(百畵境)을 이룬다. 회백색의 화선지에 나뭇가지가 간간이 먹물을 튀겼을 뿐, 한 폭의 묵화는 내 시력조차 하얗게 표백시키고 만다. 온통 머릿속까지 하양으로 바래간다.

옛사람 어느 이, 이 겨울에 올라 '태백(太白)'이라 이름 하였던가? 그도 이 지경에 침몰해 달리 명명할 수 없었나 보다. '太'는 크고 많음이요, '白'도 또한 희고 큼이니, '太'는 곧 '白'이 되고, 흰 것은 또한 크고도 밝은 것이다.

태백산(太白山)은 산악 숭배 사상에서 온, 한·뫼로 그리스의 올림포스산, 인도의 수미산(須彌山), 일본의 고천수봉(高千穗峰) 등과 의미를 같이하는 것으로, 크고도 높고 밝음을 상징하는 산으로 풀이된다. 따라서 함백산(咸白山, 1,572m)이나 백단사(白檀寺)의 명칭 역시 태백과 동일한 의미가 아닌가 여겨진다. 본시 고대의 우리 지명이나 인명은 고유어로 불리어오다, 한자 문화가 유입되면서 음과 훈에 따라 한자로 기록된바 허다하다. '咸'을 '한'의 음으로 유추하면 '咸白'이나 '太白'은 동의어로 간주될 수 있고, 백단(白檀)의 '檀' 역시 단군신화와 연계시켜 보면 서로 간에 맥이 통함을 느끼게 된다. 환웅(桓雄)이 하늘에서 내려온 태백산(太伯山)이 백두산임은 이론이 없으나, 산 이름을 태백(太伯)·태백(太白)으로 함에는 '한'(광명)'의 민족정신과 결부시켜 볼 수 있다.

▲ 동두렷한 평원을 이루는 태백산 정상부 일대

산에서의 일기가 순조롭지 못함은 망경대도 마찬가지다. 하늘 바탕은 쪽빛으로 어느새 칠을 다시 했으나, 밀려오고 쓸려가는 구름과 안개는 간헐적으로 장막을 여닫는다.

여름 소나기구름 같은 먹장이 강풍에 동해로 휩쓸리더니, 티 하나 없이 팔방이 일모(一眸)에 원으로 들어온다. 함백의 머리가 망경과 어깨질하고, 문수봉과 그 너머 쪼록바위가 한 척 꺾였다. 동서남북 원근의 중첩한 산맥이 파상으로 둘러 있고, 거기에 태백산은 돛이 되어 만산을 인솔하고 있다. 그 돛대 위에 점을 하나 더했으니, 다섯 자 반의 내 단구(短軀)는 태백산보다도 오히려 높다.

태백산은 강원도와 경상북도의 경계점이 된다. 동쪽은 강원도 태백사(황지와 장성 땅)가 되고, 서북쪽은 영월군 상동면이 위치하며, 남쪽 땅은 경상북도 봉화군이 된다. 『동국여지승람』을 보면 각각의 부(府), 현(縣) 기록에 태백산이 언급되어 있다.

『안동도호부조 형승편(安東都護府條 形勝偏)』엔 "못은 황지로 빠져서 일만 구렁을 흡수하고, 산은 태백산이 가장 뛰어나 뭇봉우리를 통솔한다."라 하였고, 『봉화현조(奉化縣條)』에서는 "현 북쪽 73리에 있다. 고려 최 선(崔詵)의 예안(禮安) 용수사기(龍壽寺記)에 천하의 명산은 삼한(三韓)에 많고, 삼한의 명승은 동남에 가장 뛰어난다. 동남의 큰 산은 태백이 우두머리가 된다." 하였다.

해발 1,567미터의 눈길 동정도 즐거움이 크지만, 새해 첫날 천제단 앞에 섰다는 감회가 더욱 소중스럽다. 간단한 주과포를 차려 놓고 개국 성조 단군 신께 제를 올리니, 4,300년 후의 자손으로서 생각 키우는 바가 자못 많다. 반만년 유구한 역사를 자랑하면서 내 나라 연호조차 버린 지 오래다. 짐짓 계산하지 않으면 단기(檀紀)도 알지 못할 만큼, 후세의 우리는 내 것을 너무 잊고 산다. 5천만이나 되는 후손들이 국조(國祖)를 섬기는 일조차 소홀히 넘기고 오늘을 살아간다 하니 어찌 한 가닥 반성의 회오리가 없을 수 있으랴.

「한배검」은 대종교(大宗教)에서 단군을 높여 부르는 말이다.

▲ 천제단 한가운데 '한배검' 단군을 모셔두고 있다.

오늘의 한국인들은 국조 단군을 어떻게 보고 있을까. 막연한 신화 속의 인물로 보는 사람이 있는가 하면, 실존의 우리 민족 시조로 믿고 있는 사람도 많다. 어느 나라 역사나 상고 시대에 이르면 개국신화라는 베일에 가려 있게 마련이다. 신화에는 그 시대의 관념이나 사회상이 깊이 스며 있어 이것을 민족적 입장에서 재조명해야 하는 것이지, 과학적 시각에 근거하여 가치 없는 것으로 보거나 실존 인물 여하를 따진다는 것은 무모한 노릇이다. 단군에 대한 관심은 시대에 따라 농담(濃淡)이 다르고, 현재에 이르러서도 치열한 논쟁거리로 대두되고 있는 형편이다.

단군 신화에 대한 기록이 나오는 고문헌으로는 고려 시대의 『삼국유사(三國遺事)』와 『제왕운기(帝王韻紀)』가 있고, 조선 시대에 들어와 권 남(權擥)의 『응제시주(應製詩註)』와 『세종실록지리지(世宗實錄地理誌지)』가 있다. 그중 물론 최고(最古)의 문헌은 한국의 양대 역사서의 하나인 『삼국유사』가 우선이다.

『삼국유사』에 의하면 위서(魏書)에 이르기를, "약 2천 년 전에 단군왕검이 서울을 아사달(阿斯達)에 세우고 나라를 열어 국호를 조선(朝鮮)이라 하니……."

또 고기록에 의하면, "옛날에 환인(桓因) 서자 환웅(桓雄)이 있어, 천하에 뜻을 두어 세상 사람 다스리기를 탐하는지라, 천부인(天符印) 세 개를 주어 천하에 내려 보내며 홍익인간으로서 다스리게 하였다. 그리하여 환웅은 무리 3천을 거느리고 태백산(太白山) 마루턱 신단수 아래 내려오니, 이곳을 신시(神市)라고 한다." 하였다.

육당 최남선은 『불함문화론(不咸文化論)』에서, "단군은 무당의 일명인 당굴의 사음(寫音)이고, 당굴은 몽골어의 Tengri와 공통된 말이며, 마한의 천군(天君)도 이와 유사한 말이다. 그리고 왕검(王儉)은 고유명사가 아닌 엉큼의 대역인 대인(大人)·신성인(神聖人)의 존호를 뜻한다." 하였으니, 단군은 제정일치 시대에 제사와 정치의 양권을 겸한 군장(君長)의 의미이고, 왕검은 제정 분리 후 정치적 군장이란 뜻으로 풀이되매, 단군왕검은 제장과 군장을 합한 총칭이 된다.

▲ 당골계곡에 위치한 '단군성전'

『동국여지승람』에 태백산사(太白山祠)에 대한 기록이 전한다. "태백산사는 산꼭대기에 있는데 세간에서 천왕당(天王堂)이라 한다. 본도 강원도 및 경상도에 이 산곁 고을 사람이 봄 · 가을에 제사하는데, 신좌 앞에 소를 매어두고 갑자기 뒤도 돌아보지 않고 달아난다. 만약 돌아볼 것 같으면, 불공한 것을 신이 알고 벌을 준다 한다. 사흘이 지난 다음, 부(府)에서 그 소를 거두어 이용하는데, 이를 퇴우(退牛)라 한다." 이와 같은 기록으로 볼 때, 태백산사는 천제단을 지칭하는 것으로, 오래전부터 강화 마리산의 참성단과 함께 단군을 제사하고 숭앙하는 우리 민족의 성지로 전해오고 있다.

▲ 살아 천 년, 죽어 천 년을 간다는 주목 고사목

새해 초하루가 되거든
겨레의 종산(宗山) 태백에 올라
저기 대간 너머 동쪽 바다,
천지를 불태우며 용솟음치는
광명한 아침 해를 보아라.

백두로부터 반도의 가운뎃점
천제단 표석 앞에 무릎 꿇으면
숨막히도록 느껍고 벅찬 가슴,
두 손 모두어 거룩한 합장으로
내 나라 내 겨레 위해
기도하게 하소서.

정 많고 너그러운 형을
불덩어리 퍼부으며 욕질하는
패륜의 북녘 아우도,
가난한 동생 외면하며
염치없는 놈이라 탓하는
용렬한 남녘 형님도 아닌
우리 모두 배달의 형제임을
깨닫게 하소서.

동(東)과 서(西) 화개장터에 어울려
정답게 술잔 나누고
남(南)과 북(北) 임진각 너른 뜰에
뜨거운 핏줄로 얼싸안고-
그래, 종교도 이념도 지역도
온 겨레 하나 되어
덩실덩실 춤추게 하소서.

〈새해의 기도, 필자 지음〉

08 민족의 성산(聖山) 마리산

▲ 하늘에서 조감한 마리산과 참성단

강화도는 오천 년 민족사의 흔적이 곳곳에 서린 역사의 보고다. 발길 닿는 곳 어디 하나 유서가 깃들지 않은 곳이 없고 역사의 애환이 서리지 않은 곳이 없을 정도다. 말하사번 섬 선제가 생생히 살아있는 역사관이며 박물관이다. 그 많은 유적 중에 어느 것 하나 소중하지 않은 것이 있으랴마는, 마리산과 참성단은 겨레의 영혼이 깃든 성산(聖山)이기에 그 의미가 사뭇 남다른 곳이다.

높이라야 고작 469m에 지나지 않지만, 강화도 최고봉으로 섬 남쪽 끝에 위치하여 팔방을 두루 조망하기에 더없이 좋은 위치이기도 하다. 화도 주차장을 기점으로 918개의 가파른 계단을 숨 가쁘게 올라 산마루에 서면 점점이 흩어진 옹진군도의 섬들이 품속에 안기며 서해의 풍광이 일망무제로 다가선다. 올라온 길을 되돌아 등 뒤를 바라보면 억만년 풍우 속에 고단했던 역사의 숨결 또한 귀에 쟁쟁 들려오는 듯하다. 뿐이랴, 멀리 김포의 너른 들판까지 한아름에 끌어안을 수 있으니, 여기도 정겨운 내 나라 내 땅임에랴 느꺼운 생각에 그저 가슴이 뛰고 벅차오른다.

마리산 정수리의 참성단은 단군의 세 아들이 쌓았다는 삼랑성과 더불어 강도(江都) 지역의 또 하나 문화유산이고 정신적 산실이다. 국조 단군의 설화가 깃든 개국의 성지다. 단군께서 봄가을로 하늘에 제사를 드리기 위해 참성단을 쌓은 것으로 『고려사』에 그 기록이 전해오고 있다. 『세종실록 지리지』에서는 황해도 구월산에 삼성사(三聖祀)를 두어, 환인, 환웅, 단군 세 분을 모시며 국태민안과 왕조의 발전을 기원했다고도 전한다.

▼ 겨레의 성지 참성단 전경

사적 136호로 지정된 참성단은 3m의 높이로 상하 2단으로 축조되었다. 상단은 사방 15개의 받침돌로 되어 장방형을 이루어 제단으로 사용되었고, 하단은 원형의 모양으로 석성을 쌓은 모양이 제를 올리는 장소로 쓰였음을 짐작하기 어렵지 않다. 각각의 원형과 장방형의 구조는 하늘과 땅을 본뜬 이른바 천원지방(天圓地方) 사상을 형상화한 것이다.

참성단 앞에 무릎을 꿇고 하늘을 우러르면 바람도 구름도 예사롭지 않다. 천고의 세월 동안 이 땅을 어루만지고 쓰다듬던 바람이고 구름이 아니던가. 일제 식민시대를 거치면서 민족의 자존과 주체성 확립을 위한 방편으로 단군을 모시는 대종교가 등장하고 마리산과 참성단은 민족의 성지로 우리에게 인식되고 각인되었다. 해마다 전국체전의 성화를 이곳 참성단 향로에서 일곱 선녀가 채화하는 것도 마리산이 그만큼 민족을 대표하고 상징하는 성스런 의미를 지녔기 때문이다.

▼ 사작 136호인 참성단 표지석

단군왕검과 연계되는 곳으로 백두산, 구월산과 더불어 남쪽 땅에서는 마리산과 태백산이 있다. 마리산엔 참성단(塹星壇)이 있고 태백산엔 천제단(天祭壇)이 있어, 해마다 나라가 열린 개천절이 되면 단군의 개천(開天)에 감읍하며 두 곳 모두 하늘에 제를 올린다. 한민족이라면 누구나 한번은 찾아야 할 겨레혼이 담긴 성스러운 산이 이곳 마리산이다. 단 옆에 걸려있는 고려 말, 목은 이색 선생의 한시 한 구절을 나직이 읊조려 본다.

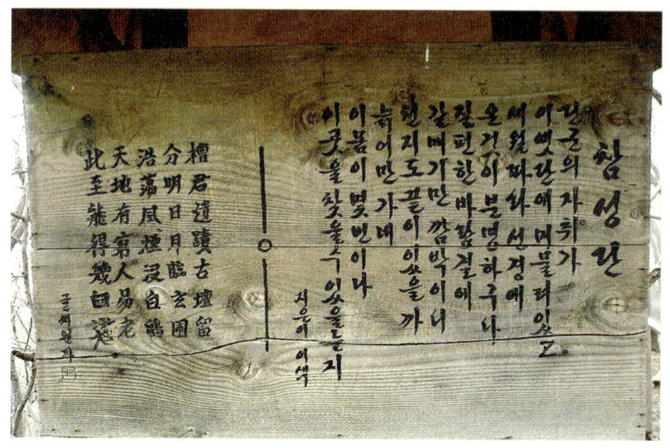

▲ 고려의 대학자 목은 이색의 참성단 찬양시

단군의 자취 따라 참성단에 오르니
내 분명 세월 속에 선경에 들었구나
질펀한 바람결에 갈매기는 노니는데
천지는 유한하고 인생은 늙어가니
이 몸이 몇 번이나 또다시 찾을손가

이 산의 명칭으로는 '마리산(摩利山)' '마루산' '마니산(摩尼山)' 등의 여러 가지 표기가 사용되었다. 세간에서 흔히 '마니산'으로 부르고 있어 그때마다 열변을 토하며 제 이름 찾기를 떠들어보지만, 한번 굳어진 말은 옳든 그르든 고쳐 부르기가 쉽지 않다는 것에 아픈 마음을 느낄 때가 많다.

'마리'는 '머리'와 음운이 서로 교체되는 말로서, '맛'과 '멋'의 용례에서 보듯 동일한 의미이다. '마리'는 곧 '머리(頭)'의 뜻으로 '마리산'은 '가장 높고 신령스러운 산'이라는 숭고한 의미를 지니고 있는 전통적으로 내려오던 고유의 명칭이다. 대개의 지명이 애초엔 우리말로 불렸다. 오늘날에도 고유어 지명이 곳곳에 허다히 남아있다. 한자어로 바꿔 쓰기 좋아하는 이들이 한자의 소리와 뜻을 뒤섞어 어법에도 없는 엉터리의 희한한 말로 고쳐 표기해 놓은 것을 우리가 지금까지 그대로 사용하고 있는 것이다. 발음도 예쁘고 뜻도 훌륭한 '마리'가 국적 없는 고약한 '마니'로 전락하고 만 셈이다.

일제가 처음 우리 국토를 측량하여 지도를 만들 때 한자어로 표기하고, 국립지리원의 어쭙잖은 무지가 우리말 우리글을 송두리째 오염시키고 파괴한 실수를 범한 것이다.

얼핏 마니(摩尼)의 의미를 불교에서 유래된 것처럼 그럴듯하게 교묘히 바꾸어 놓은 것은 민족정기를 말살하고 식민지 백성을 우민화하기 위한 술책에서 비롯된 것임을 기억할 필요가 있다. 영문도 모르고 지금껏 '마니산'이라 부르고 있으니, 이보다 더 답답하고 부끄러운 일이 또 어디 있겠는가?

모든 지도에도 그렇고, 산을 찾는 것을 자랑으로 여기는 산악인은 물론이요, 심지어 강화도의 도로 표지판까지 모조리 마니산이라고 적어 두었으니, 이러고도 우리가 어찌 민족의 정체성과 자존심을 떠들어 댈 수 있겠는가 싶다. 강화도엘 가고, 마리산을 오를 때면 착잡한 심회가 한두 번이 아니다. 이제부터라도 본래의 제 이름을 찾아 마리산으로 부르는 것이 떳떳한 자주민의 자세다.

▲ 마리산 정상임을 알려주는 표지목

▲ 전국체전 성화를 밝히는 7선녀의 춤사위

마리산을 오르는 길은 흔히들 화도면 문산에서 북쪽 능선을 타고 가파른 계단을 밟고 오르지만, 산의 온전한 모습을 알기 위해서는 서쪽 장화리에서 산길을 시작하는 것도 시도해볼 만하다. 거리가 멀고 시간이 걸리긴 하겠지만, 당일 산행이라 해도 마리산 등행만을 목적으로 한다면 마음의 여유를 충분히 가질 수 있다. 코스도 완만할뿐더러 봄이면 진달래와 산벚꽃이 지천으로 피기도 하고, 오른편으로 계속 바다를 바라볼 수 있어 장쾌한 맛을 즐길 수 있어 좋다. 또한, 정상의 참성단 뒷모습을 계속 바라보며 걸을 수 있어 그만큼 생각하는 산행을 하기에 안성맞춤이다.

참성단에서 바위 능선을 타고 정수사(淨水寺)로 내려와 마당에 피어있는 상사화를 살펴보며 그 꽃에 얽힌 전설을 돌이켜 보기도 하고, 다시 함허동천 계곡으로 내려와 사기리 탱자나무와 구한말 선비인 이건창의 생가를 마저 살펴보는 것도 유익한 일이다.

09 한강의 발원지 검룡소

▲ 검룡소 자연석비

이 땅엔 크고 작은 강줄기도 많다. 그중엔 반도를 구분 짓는 물줄기도 있고 국경을 나누는 강줄기도 있다. 내 나라 내 땅 한반도를 구분 짓는 물줄기가 두만강과 압록강이라면, 우리 국토의 허리를 동서로 관통하며 이 민족의 생명을 키워온 물줄기는 말할 것도 없이 한강이다. 길이로는 압록, 두만, 낙동에 이어 4번째이며, 강의 유역 면적으로는 압록강에 버금간다. 한강의 옛 이름으로는 광개토왕비에 '아리수(阿利水)'로 등장하며 '대수', '욱리하', '한수' 등으로도 불리었다. '아리수'는 '크다'는 의미의 고유어 '아리'와 한자의 '水'가 합성된 명칭이다.

국토의 상징적 의미로나 민족사의 인연으로나 한강은 살아있는 우리의 역사다. 반만년 오랜 세월 동안 민족의 성쇠와 영욕을 지켜보며 운명을 함께한 강이다. 온조왕의 백제도 여기서 도읍을 정해 역사를 시작하고, 태조 이성계의 조선도 한강 기슭에서 일어나 오백 년 왕업을 이어갔다. 뿐만 아니라 현대에 이르러 대한민국의 수도 서울도 한강 물줄기에 터를 잡았으니, 그야말로 한강은 우리 반만 년 역사의 증인이며 동시에 민족사의 현장 바로 그것이다.

또한, 한강은 우리 민족을 키워온 생명의 젖줄이다. 저기 백두대간의 금대봉 작은 샘에서 시작한 한 잔의 물은 514km의 길이에 1,300리 유장한 흐름을 이루며 이 땅의 뭇 생명을 살찌우고 길러온 생명수였다. 강원, 충청, 경기 지역을 흘러내리며 여기 깃을 틀고 살아가는 수천만 민초들의 목줄을 축여주었고, 강기슭 넓고 비옥한 땅을 적셔주어 이들에게 먹고 살아갈 양식들을 제공해 준 것도 바로 한강이다.

이처럼 한강은 우리의 피와 살을 길러준 생명의 물줄기이며 삶의 뿌리이고, 동시에 장구한 역사를 이어가며 뭇 민초들의 삶의 애환과 숨결이 서려 있는 민족사의 근원이다. 따라서 한강의 발원지 검룡소를 찾는 일은 단순한 답사가 아니요, 거룩한 국토를 참배하기 위한 순례의 길이라 할 수 있겠다.

▲ 검룡소 오름길 안내판

검룡소의 위치는 태백시 창죽동 금대봉 기슭이다. 태백에서 35번 국도를 타고 북쪽으로 삼척의 하장과 정선의 임계 방향으로 피재를 넘는다. 피재는 한강, 낙동강, 오십천의 세 물길이 갈라지는 분수령이라 해서 근래에 들어 삼수령으로도 불린다. 고개 위에 떨어진 빗방울이 동으로 떨어지면 오십천으로 흘러들고, 남으로는 낙동강, 북쪽과 서쪽으로 떨어지면 한강으로 그 운명이 나뉘어진다해서 붙여진 고개 이름이다.

삼수령을 넘어서면 폐교가 되어버린 창죽분교를 지나 이내 창죽동 삼거리. 여기서 왼편인 서쪽 골짜기로 접어들면 안창죽마을에 이르러 검룡소 주차장이다. 주차장에서 검룡소까지의 거리는 대략 1.4km 정도. 숨소리도 편안하게 휘파람을 불며 걸을 수 있는 평탄한 길이다. 실개천을 따라 계곡을 오르면 세심교 작은 다리다. 민족의 성지 검룡소를 참배하기 위해 마음을 씻고 비워두라는 뜻이겠거니.

▲ 세심교를 지나 검룡소로 오르는 숲길

세심교를 지나면서부터는 숲길이다. 낙엽송 훤칠한 키가 하늘을 덮고 시원한 그늘을 만들어 준다. 시야가 잠시 트이는가 싶더니 산자락 묵정밭에 하얗게 피어난 망초꽃 대궁이 가득하다. 죄죄한 계곡은 뻐꾸기 외짝 울음에 고요와 적막 속으로 잠겨 버린다. 다시 울창한 수림의 터널이 어둑한 그림자로 뒤덮을 즈음에 '검룡수(儉龍水)' 자연석 비가 나타난다. '태백의 광명 정기 예솟아 민족의 젖줄 한강을 발원하다' 글귀가 가슴 벅차게 다가선다.

전에 없었던 구름다리와 나무계단들이 새로이 놓였다. 주변의 자연환경을 보호하기 위해 난간도 만들어졌다. 푸른 이끼로 덮인 바위 자락을 마구잡이로 짓밟고 오르내리던 것을 모두 막아 버렸다. 태고의 모습 그대로 보존하는 방편이기는 하나, 요란스런 인공 구조물들이 자연경관에 어울리지 않을뿐더러 보기에도 흉하다.

계단을 밟고 올라 맨 끝에 서면 이내 검룡소. 두어 평은 족히 됨직한 널찍한 샘은 밑바닥에서 맑디맑은 물이 끊임없이 솟아오른다. 인위적으로 다듬어 놓은 샘이 아니라 너덜바위틈에서 용출하는 천연 샘이다. 이름 하여 '용천' 안내판의 설명에 따르면 수온은 연중 9도를 유지하며 하루 용출량이 2,000톤이나 된다고 한다. 태백을 비롯한 이 일대가 석회암 지대로 크고 작은 동굴이 많은 까닭에 그 동굴에서 솟는 물의 양이 대단하다. 낙동강 발원지인 황지연못도 지하 동굴에서 용출하기는 매한가지다. 용천에서 넘친 물이 20여 미터의 바위벽을 타고 콸콸 흘러내리는 모습을 보면 대충의 헤아림으로도 그만한 양은 충분히 될 듯싶다. 구불구불 와폭으로 내리는 이채로운 모습의 바위벽 물길은 서해의 검룡이 올라오면서 안간힘으로 꼬리를 뒤흔들며 몸부림친 흔적이란다.

경건한 마음으로 무릎을 꿇고 두 손을 모아 한 움큼 샘물을 떠 마신다. 시원한 냉기가 창자를 타고 내리며 형언하지 못할 전율이 온몸을 휘감는다. 여기 용천에서 솟는 한 방울의 물은 여느 물이 아니요, 지금 내 육신을 흠뻑 적셔주는 생명의 물이며 영혼까지를 씻어주는 정령수인 것이다.

▼ '태백의 광명 정기 예솟아 민족의 젖줄 한강을 발원하다'

▲ 용트림의 굽이를 이루며 바위벽을 흘러내리는 물길

한강의 발원지에 대해서는 여러 가지 말이 많다. 『택리지』나 『동국여지승람』 등의 옛 기록에서는 오대산 중대암의 우통수라고 전해왔다. 근래에 이르러서도 국토지리원의 실측 결과 검룡소가 아닌 고목샘으로 주장하기도 한다. 고목샘은 검룡소 우측 골짜기인 금대계곡의 최상류로 해발 1,320m에 위치하여 검룡소보다는 훨씬 위쪽이 되는 것은 틀림없다.

낙동강의 발원지를 황지못보다 그 위의 은대샘이라고 하는 것과 같은 논리다. 물론 물이 처음 시작되는 지점이 말 그대로 발원지다. 고목샘과 은대샘이 거리로나 위치로나 약간 상회하기는 하지만, 그렇다고 그것들을 발원지로 삼기엔 아무래도 너무 작고 초라하다. 한강과 낙동강은 명색이 우리 국토를 대표하는 강줄기들인데, 실측 결과도 중요하지만, 그 규모나 전설 등, 상징성이 큰 것을 발원지로 삼는 것이 훨씬 신비감도 있고 의미 또한 성스런 느낌을 주는 것이 아니겠는가.

검룡소에서 처음 시작한 물길은 골지천이 되어 임계를 지나고 정선아라리의 발상지 아우라지에 이르러 황병산에서 내려오는 송천과 합수되어 조양강을 이룬다. 조양강은 오대천을 아우르며 정선읍을 거치면서 수려한 경관으로 그 이름도 귀에 익숙한 동강으로 이름이 바뀌어 영월에 이른다. 동강은 영월읍 모서리에서 서마니강과 평창강을 더해 내려온 서강 줄기와 합해져 남한강으로 다시 이름을 바꾸어 단양을 휘둘러 충주호를 만든다. 충주댐을 빠져나온 물줄기는 속리산에서 괴산을 통과해 내려온 달천강을 흡수하고 이내 횡성에서 내리는 섬강을 받아들인다. 여주를 스치면서 잠시 여강(남한강)으로 불리다가 양수리 두물머리에서 북한강과 하나가 되어 한강으로 이름표를 달고 수도 서울의 한복판을 가르며 임진강을 끌어안고 서해로 내달아 긴 여정을 마무리한다.

▼ 하루 2천 톤의 물을 뿜어내는 검룡소의 용천

장장 1,300리를 흐르면서 이 땅의 중심부를 흠뻑 축여주고 온 생명을 키워내는 저 한강이야말로 우리 민초들과 삶을 함께한 겨레의 수맥이요 동시에 생명의 젖줄이다. 매년 여름이면 검룡소를 기리기 위한 한강대제 행사를 열기도 하고, 이곳 금대봉 일대에 희귀 동식물이 집단 서식하여 생물의 다양성이 높은 생태경관보전지역으로 보호하고 있으니, 검룡소는 오래도록 기억해야 할 우리의 자랑스러운 자연유산임이 틀림없다.

10 원시 생태계의 보고(寶庫) 우포늪

▲ 물고기를 낚고 물고동을 건질 때 이용하는 거룻배

우포늪은 뭍(陸)도 아니고 물(水)도 아닌 습지 늪이다. 여름 홍수 철을 제외하고는 언제나 수심이 한 길 안팎의 깊이를 유지하여 다양한 생명체들이 어우러져 사는 자연 생태계의 보물 창고 같은 그런 곳이다. 1998년 람사르 협약에 등록되고, 이듬해 습지 보호지역으로 지정되면서 우리나라의 대표적인 습지로 자리매김하였다. 더욱이 2008년 람사르 총회가 국내 창원에서 열리면서 우포늪에 대한 관심이 부쩍 높아졌다.

몇 번의 발길에도 우포의 일부만 대충 훑어보고 돌아오기 일쑤였는데, 이번 기회에 구석구석 온전한 모습을 둘러보리라 이틀간의 충분한 일정을 잡았다. '우포늪 생태관'이 위치한 세진리 주차장을 출발, 늪 쪽으로 내려가면 길이 좌우로 갈라진다. 오른편 길은 대대제방을 거쳐 사지포로 연결되고, 왼편 길은 전망대를 지나 우포늪을 끼고 쪽지벌과 목포 방향으로 이어진다.

흔히들 우포늪으로 통칭하거니와 4개의 크고 작은 늪이 창녕군 유어면 세진리와 대대리, 이방면 옥천리와 안리, 대합면의 주매리 등, 3개 면에 걸쳐 총 70여만 평에 이르는 우리나라 최대의 자연늪이다. 소벌(우포)를 중심으로 동북향에 모래벌(사지포)이, 서남쪽엔 쪽지벌, 서북향에 나무벌(목포)이 위치하여 실로 광활한 면적을 차지하고 있다.

첫 출발을 우포의 동쪽 편과 대대제방을 거쳐 사지포까지 살펴보는 것으로 일정을 잡았다. 대대제방을 따라 걷는 길은 우포늪의 경관이 가장 잘 보이는 코스다. 오른편으로 화왕산의 연맥과 창녕의 너른 들판이 시원하게 펼쳐지고 왼편으로는 우포의 호수면이 동서로 길게 펼쳐져 장쾌한 기분을 느끼기에 충분하다.

애초엔 들판의 상당 부분이 모두 늪지대였던 것을 일본 강점기 때 둑을 높게 쌓고 매립하여 농경지로 바꾸어 버렸다. 코스모스와 억새로 이어진 2km 남짓의 둑방길에서 바라보는 우포는 온통 철새의 무리로 가득하다. 논병아리, 쇠백로, 중대백로, 왜가리, 큰고니, 청둥오리 등 62종의 조류가 이곳을 찾고 서식한다니 이쯤이면 철새의 낙원이라 해도 좋을 듯하다. 몇 마리씩 아니 수십 마리씩 어울려 놀기도 하고 연거푸 자맥질도 하면서 한적한 오후의 햇살을 즐기고 있다. 망원경이 드문드문 설치되어 있어 새떼들의 노는 모습을 조망하기에 더없이 좋다.

우포늪 위쪽 대대제방이 끝나는 지점은 화왕산에서 시작되는 토평천이 흘러드는 입구가 된다. 우포 둘레길을 자전거로 돌아보는 이들이 여기까지 왔다가 돌아가는 지점이다. 둑을 내려서면 이 일대가 온통 억

▲ 늪으로 들어가는 초입의 우포늪 안내비

▼ 4개의 작은 늪으로 이루어진 우포늪 지도

새, 갈대, 부들, 왕버들 등, 온갖 수변 식물이 빽빽이 우거져 밀림을 이루고 있다. 우포늪 전 지역에서 수생식물의 종 다양성이 가장 풍부한 구간이다.

현재까지 조사된 우포늪의 서식 동식물 종류만도 대략 700여 종이나 된다. 가시연꽃을 비롯한 식물류 480여 종, 조류 62종, 어류 28종, 수서곤충류 55종, 포유류 12종, 파충류 7종, 양서류 5종, 패류 5종이라 하니, 이쯤이면 가히 자연 생태계의 보고라 할 만하다.

대대제방을 내려서면 나지막한 잠수교. 여름 장마철 토평천이 불어나면 일대가 완전히 물에 잠겨 통행이 막힌다. 다리를 건너서면 바로 두 갈래길. 왼편이 사지포제방으로 가는 길이다. 사지포는 둘레를 한 바퀴 돌아볼 수 있는 길이 없어 그 북쪽 끝을 보기 위해 오른편 길로 에둘러 간다. 토평천 물을 거슬러 한적한 숲길을 걷는 가 했더니 고개를 넘고 양어장쯤에서 그나마 길이 끝나버린다.

여기서 갈림길로 되돌아오기 위해 억새밭을 그냥 헤치며 작은 봉우리를 하나 넘으니 이내 우포와 사지포를 가르는 사지포제방. 사지포는 한 바퀴 돌아볼 수 있는 오솔길조차 없어 아직 사람의 손길이 닿지 못하는 원시의 저층 늪이 고스란히 간직된 곳이다. 멀리서 바라보는 수면은 연꽃과 수초들로 잔뜩 덮여 있고, 그 너머로 미루나무 숲이 총총히 둘러쳐 유년 시절의 고향 풍경 속으로 돌아온 착각을 불러일으킨다. 대대제방 끝머리 수문쯤에서 2코스 일정의 점을 찍고 다시 우포늪 전망대로 발길을 되돌린다.

전망대를 올랐다가 둔터 외딴집을 지나 '따오기 복원 센터'에 이르는 제1코스는 우포늪을 다녀가는 이들이 걷는 대표적 코스다. 천연기념물 198호인 따오기가 이 땅에서 사라진 지도 수십 년. 초등시절 배웠던 동요 '따오기'의 구슬픈 선율이 아직도 입가에서 맴도는데, 내 어릴 적만 해도 드물지 않던 새가 언제부터인가 우리 땅에서는 그 흔적을 볼 수가 없게 되었다. 우리의 정서가 깃들어 있는 대표적인 새로서 이름마저 정겹게 느껴지는 따오기를 우포늪에서 다시 살 수 있도록 복원한다는 것이 얼마나 갸륵한 일인가. 몇 해 전 중국의 저장성에서 한 쌍을 들여와 생태 환경이 가장 적합한 이곳에서 따오기의 개체 수를 늘이기 위해 애쓰고 있다. 50여 마리 이상으로 번식이 되면 우포늪에서 깃을 틀 수 있도록 방사하겠다는 계획이란다.

▼ 청명한 가을날의 호수는 물빛조차 푸르다.

우포와 쪽지벌의 경계는 인공으로 쌓아둔 둑이 아니라 키를 훨씬 넘는 갈대와 억새, 그리고 훤칠한 왕버들이 자생하는 뭍으로 되어 있다. 억새밭을 헤치며 앞으로 나가니 늪에서 쉬고 있던 청둥오리 떼가 줄줄이 날아간다. 우포의 물이 쪽지벌로 넘어가는 수로의 징검다리를 건너뛰면 목포에서 쪽지벌로 내려가는 제4코스 신작로 흙길이다. 옛 시절 책보를 어깨에 걸머메고 학교 다니던 추억의 길이다.

쪽지벌은 이곳 4개의 늪 중에서 가장 작다고 해서 붙여진 이름이다. 토평천의 물이 우포로 들어왔다가 쪽지벌을 거쳐 낙동강으로 빠져나간다. 낙동강의 퇴적물들이 자연제방을 만들어 토평천의 물이 흘러나가지 못하고 수심 1~2m의 호수를 만든 것이 바로 우포늪이다.

습지는 그 어느 지역보다도 생물학적 생산성이 높은 곳으로 지구 생명의 신비와 질서를 잘 간직하고 있는 곳이기도 하다. 각종 동식물과 미생물들이 먹이사슬을 이루고 있어 자연 생태계가 잘 유지되고 있다. 뿐만 아니라 습지가 스펀지 역할을 하여 물을 많이 흡수하고 있는 관계로 우기나 가뭄에 훌륭한 자연 댐의 역할을 한다. 또한, 오염물질을 정화하고 대기온도와 습도를 조절하는 기능까지 하는 것이다. 이렇듯 습지의 가치는 다양하고 무궁무진하다. 늪이나 갯벌을 버려진 땅으로 그릇 인식하여 툭하면 개발을 떠들어대는 것은 무지한 까닭에 그 얼마나 부끄러운 일인가.

둘째 날 일정은 시작을 잠어실 마을까지 내려갔다가 발길을 돌려 토평마을의 목포제방으로 향한다. 이른 아침 물안개가 곳곳에서 피어오르고 먼 산 중허리가 아직까지 혼곤한 잠에서 깨어나지 못한다. 화왕산에서 떠오르는 아침 태양이 수면에 금빛 줄기로 비쳐 오른다. 제방을 건너 우항산(牛項山)을 올라서니 한눈에 들어오는 우포의 전모가 광대무변의 절경으로 펼쳐진다.

▲ 우포늪 곳곳에 발달해 있는 수로(水路)의 모습

목포를 한 바퀴 안고 돌아 장재골을 지나고 소목마을에 이르면 거룻배를 타고 물고기를 낚는 어부의 모습이 눈에 띈다. 거룻배는 노를 젓는 것이 아니라 긴 장대로 바닥을 밀면서 가는 작은 쪽배를 가리킨다. 소목은 우항산이 소(牛)의 목(項)을 닮았다 해서 유래된 이름이다. 우포 주변에서 가장 큰 마을이 바로 소목. 매점도 있고 붕어를 달여 주는 집이 여럿 있다. 몇 가구 안 되는 마을 주민들 대부분이 물고기와 논고동을 잡아 생계를 보탠다. 자연환경 보호구역이기에 허가받은 사람이 아니면 고기잡이가 금지되는 것은 물론이다.

소목에서 사지포를 가야 우포늪 일대를 완전히 일주하는 코스가 된다. 소목제방에서 큰 도로가 있는 주매마을로 나갔다가 다시 사지마을로 돌아와야 하지만 굳이 갈대밭을 헤치고 나간다. 눈여겨보지 않으면 흔적을 알아보기 어려운 오솔길이 갈대밭 사이로 겨우겨우 이어진다. 키가 묻힐 정도의 풀숲을 뚫고 가는 여유와 즐거움을 어디서 경험해 보겠는가. 우포늪의 특징과 낭만이 어우러진 멋진 코스다.

우포늪은 늪이 뭍으로 변화해 가는 생태적 천이(遷移) 단계를 나타내 주는 이 땅의 소중한 자연유산이다. 순천만이 해변 습지로 각광을 받고 있듯, 우포늪은 내륙 습지로 관심 있는 많은 이들의 발길과 향수를 끌어들일 것임이 틀림없다.

▲ 황금빛으로 물든 해 뜰 무렵의 정경

7할을 훨씬 넘는 면적이 산지로 이루어진 국토이지만, 수려한 산세와 팔방으로 흘러내리는 강과 하천이 아름답기 그지없는 이 땅의 산하. 돌아보면 삼면이 바다로 둘러쳐져 곳곳에 갯벌이 펼쳐지고 강줄기 따라 크고 작은 호소(湖沼)와 늪이 있어 천혜의 자연을 두루 갖추고 있으니 이 얼마나 아름답고 소중한 내 나라 내 땅이더냐. 더욱이 태고의 자연이 살아 숨 쉬는 우포와 같은 자연 늪이 있다는 것은 여간 고맙고 다행한 일이 아니니다.

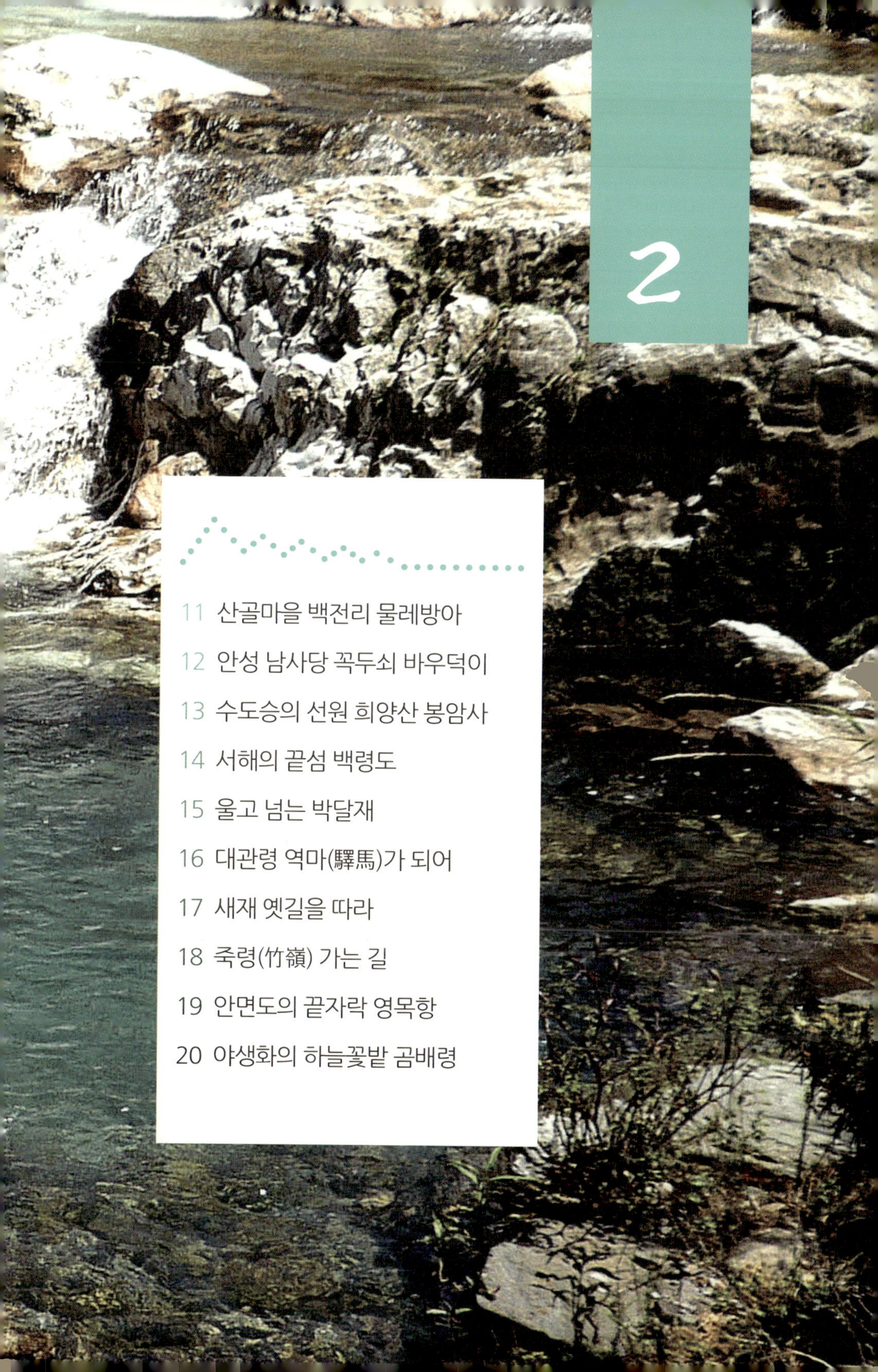

2

11 산골 마을 백전리 물레방아

▲ 보존 상태가 온전하여 오늘날도 사용하고 있다

예전 우리 조상들이 곡식을 찧거나 빻을 때 여러 가지 형태의 방아를 사용하였다. 물레방아, 통방아, 연자방아, 디딜방아 등이 있어 그 이름만으로도 우리네 정서와 향토적 정감이 아늑하게 느껴지는 것이다. 마을의 위치나 지형적 특성에 따라 알맞은 형태의 방아를 만들었다. 큰 냇물을 끼고 있는 곳에서는 물레방아가 흔히 사용되었고 산간 지역에서는 통방아가, 일반 가정에서는 디딜방아가 주로 쓰였다.

동구 밖이나 마을 가운데 있어 주민들이 공동으로 이용하기 쉬운 것은 연자방아다. 1960년대까지만 해도 농촌이나 산촌에서 드물지 않게 볼 수 있는 것들이었으나 기계 방아의 위력에 밀려 하나둘씩 문명의 뒤안길로 물러서게 되면서 지금은 삼척 신리와 대이리에 통방아가, 정선 백전리에 물레방아가 남아 있을 정도다. 이것들은 얼마 전까지도 마을 사람들이 가끔씩 사용하던 것인데 오히려 민속자료로 지정하는 바람에 방아 소리가 멈추어 버린 경우도 있다.

▲ 용소의 물을 끌어들여 물레를 돌린다

문명은 하루가 다르게 빨리 발전하고 있다. 이제는 우리 땅 그 어느 곳에도 도로가 나지 않은 곳이 없을 정도다. 모든 큰길은 아스팔트로 포장되고, 골목길까지 콘크리트로 말끔히 단장되었다. 차량도 늘어나면서 교통이 얼마나 편리해졌는가. 읍내나 면 소재지만 나가면 기계 방아로 불과 몇 분이면 해결되고 모든 것이 속도를 더해가는 시대에 굳이 물레방아나 디딜방아를 고집하는 이 뉘 있으랴. 그러나 편리만을 앞세워 과거의 것을 뒷전으로 밀쳐버릴 수만은 없다. 수백 수천 년 내려오던 우리네 숨결과 손길이 깃든 전통 풍물들이 아닌가.

▲ 공이도 돌확도 둘로 능률적인 구조다

강원도 민속자료 제6호인 물레방아의 위치는 정선군 동면 백전리. 백두대간의 금대봉(1,418m)에서 산줄기가 북쪽 분주령 대덕산으로 이어지면서 그 동쪽은 태백시 창죽동으로 한강의 발원지 검룡소가 있는 곳이요, 서쪽 계곡은 골짜기 한복판을 흘러내리는 냇물을 두고 행정구역이 다시 삼척시 하장면 한소리와 정선군 동면 백전리로 경계가 나누어진다.

골짜기 입구에서 들어오다 보면 개울을 몇 차례 가로지르면서 한소리와 백전리를 넘나들게 되는 까닭에 한소리 물레방아로 부르는 이도 있다. 그러나 물레방아의 위치는 개울의 서편이니 한소리가 아닌 백전리. 한소리도 백전리도 모두가 첩첩한 산간 오지 마을로 화암팔경을 빚어놓은 어천 물줄기의 근원이 되는 곳이다.

백전리를 찾아가는 길은 정선에서 동면의 화암8경을 거칠 수도 있지만 잘 다듬어진 38번 국도를 이용해 영월을 거쳐 사북에 이르러서 직접 백전리로 들어가는 방법이 쉽고 편리하다. 백전리 마을회관에서 오른쪽 갈림길로 개울을 끼고 5km 남짓 오르다 보면 문을 닫아버린 용소분교가 있는 마을이 곧 용소마을.

마을은 해발 800m의 첩첩한 산간 오지, 깊고 깊은 두메산골이다. 좁은 골짜기 여기저기에 한두 채씩 외딴집이 흩어져 있고, 보이느니 온통 고랭지 채소밭으로 여름 배추가 지금 한창 산자락에 가득하다.

이 골짜기에 처음 사람이 찾아든 것이 150여 년 전이라 마을 사람이 전한다. 무슨 한과 사연이 그 얼마나 깊었기에 산 높고 골 깊은 정선 땅에서도 맨 남쪽 끝 궁벽한 이곳까지 찾아들었을까? 밝은 세상을 등지고 찾아든 화전민들이 잣나무숲을 베어내고 불밭을 일구었다 해서 지명도 백전(栢田)리. 나무를 베어낸 산비탈에 불을 지르고 따비로 밭을 일구어 감자와 옥수수를 심고 정선아리랑 애절한 가락에 실어 수심(愁心)편 노래를 부르기도 했으리라.

▼ 땅 속 굴에서 물이 솟아오르는 용소

정선 읍내 물레방아는
사시장철 물살만 안고
빙글빙글 도는데
우리 님은 날 안고
돌 줄을 모르네.

정선 아리랑 500여 편의 가사 중에 물레방아가 없이는 그 곡조와 여운이 무미해져 버린다. 쉼도 없이 빙글빙글 돌아가는 둥근 바퀴는 변전하는 인생의 실상이며 진리다.

바퀴의 둥근 원은 인간 만사의 시작이고 끝이다. 아니 시작도 없고 끝도 없이 그냥 무한이 반복된다. 끝이 시발로 회귀함은 원뿐이 아니고 4각 5각의 형상도 같은 이치다. 각을 이루고 원점으로 회귀함은 절(折)이 되나, 꺾이지 않고 각이 없이 시(始)와 종

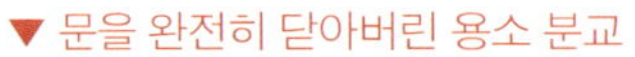
▼ 문을 완전히 닫아버린 용소 분교

(終)이 만남은 원이 된다.

원형은 무방 무애 하여 그침이 없는 영속이 되는 것이다. 물레방앗간은 이효석의 '메밀꽃 필 무렵'에서 주인공 허생원이 성씨 처녀와 봉평의 홍정천에서 일생의 단 한 번뿐인 로맨스의 추억을 남긴 곳이요, 작가 나도향의 '물레방아'에서 지주(地主) 신치규가 소작인의 아내를 은밀히 유혹하며 빼앗아 버린 밀애의 장소이기도 하다.

용소 물레방아는 모형으로 만들어진 것이 아니라 지금도 마을 사람들이 가끔씩 이를 이용해 곡식을 찧는, 우리네 생활 속에 그대로 살아서 존재하는 문화유산이다. 백전리와 한소리에 주민이 한창 많았을 때는 물레방아가 6개나 있어 방아계(契)까지 만들어졌다 하나, 지금은 백 년 세월을 지켜온 용소 물레방아 하나만이 명맥을 전해올 따름이다.

용소마을엔 굴과 구멍이 많다. 물이 나오는 굴만도 대여섯 곳이나 된다. 소의 콧구멍처럼 생겼다 해서 쇠콧구녕굴, 장수가 나왔다는 장수굴 등, 석회암 구멍과 동굴이 유난히도 많은 동네이다. 지름 30cm의 땅속 굴에서 물이 펑펑 솟아나 검푸른 소(沼)를 이루고 그 용소의 물을 보(洑)로 삼아 수로로 끌어들여 물레방아를 돌리는 것이다.

대개의 물레방아가 외공이인 것이 일반인 데 이곳 용소의 물레방아는 방아공이와 돌확이 두 개라는 점이 다른 곳에서는 없는 특이한 형태를 지녔다. 물레의 축인 굴대의 양쪽에 모두 방아채를 연결하여 두 개의 공이가 번갈아 방아를 찧도록 설계한 것에서 우리 선인들의 지혜가 새롭게 돋보인다. 지붕은 이 지방의 특산물인 대마삼의 속대궁으로 덮어 토속적 정취를 더해주고 있다.

▼ 삼대 속대궁으로 덮은 지붕

12 안성 남사당 꼭두쇠 바우덕이

▲ 천재적 예인 바우덕이의 동상

어릴 적엔 장날이면 구경거리가 참으로 많았다. 각설이패가 모여 장타령을 신명 나게 불러대는 모습에 넋을 잃고 뒤따르다 해가 저물어 어두운 고갯길을 넘어오느라 혼쭐이 나기도 했다. 코주부 약장수가 북을 지고 양쪽 발로 장단을 맞추며 장꾼들을 불러 모으면, 어른들 틈을 비집고 들어가 맨 앞줄에 책가방을 깔고 주저앉아 구경하곤 했다.

여러 가지 볼거리 중에 나의 혼을 몽땅 빼앗아 버린 것은 장구석 빈 마당 너른 뜰에서 펼쳐지는 남사당 놀이패의 온갖 묘기였다. 수십 명이 떼를 이루어 한 가지씩 보여주는 재주와 기술은 어린 마음에 감탄을 자아내게 했을 뿐만 아니라, 그들에 대한 알지 못할 향수가 오랫동안 머릿속에서 떠나지 않고 정신을 흔들어댔다.

이제야 세월의 변화와 함께 사라져가는 풍물이 되었지만, 다만 기억의 저편에만 묻어두고 그대로 흘려버릴 수는 없을 것 같다. 물질의 발달이 생활의 편리를 가져다주면서 외형적 삶의 질이 높아지고, 새로운 문명의 변화가 다양하고 광범위한 문화를 몰고 오기는 했지만, 이와 비례하여 우리의 정신세계까지 풍요롭고 윤택하게 만들지는 못했다.

오늘의 물질과 문명이 우리의 것이라기보다는, 세태에 밀려 수동적으로 받아들인 외래의 것들이고 보면, 잊혀가는 우리의 전통과 문화가 왠지 모를 아쉬운 미련과 향수로 심층 저변에서 꿈틀대고 있음을 느낀다. 서구 문화의 유입과 함께 들어온 서커스에 비해 남사당놀이는 우리의 혼과 정서가 깃들어 있는 전통적인 대중문화다. 민속촌에나 가서야 그나마 일부라도 볼 수 있는 남사당(男寺黨)놀이의 흔적을 찾아 안성 땅 청룡사와 전설적인 여인 바우덕이를 만나기 위해 발길을 나섰다.

▲ 안성 남사당의 보거지 서운산 청룡사

▶ 불당골에 위치한 바우덕이 사당

청룡사는 충북 진천과 경계를 이루는 서운산(瑞雲山) 기슭에 있는 사찰로서 안성 남사당의 요람이 되는 곳이다. 남사당은 방방곡곡을 떠돌아다니며 서민들과 애환을 함께 해온 유랑 연예 집단이다. 사회의 외진 그늘에서 냉대 받던 계층들이 타고난 재주와 기예(技藝)를 재산으로 각지를 돌며 민중놀이를 제공하면서 어려운 생활 속에 삶을 이어갔다. 놀이를 통해 지배계층의 부도덕을 풍자하고 비판하면서 신분상의 천대로 맺혀있던 한(恨)과 울분을 씻어내며 대중예술의 명맥을 계승해 온 것이다.

그들에겐 애초부터 일정한 보수도 없고, 단지 하룻밤 숙식을 제공 받는 대가로 신명 나게 놀아주고는, 날이 밝으면 또 다른 마을로 떠나면 그만이었다. 마을에서 걷어주는 몇 푼의 노잣돈으로 생계를 연명하며, 운명처럼 타고난 역마의 핏줄을 어쩔 수 없어 동가식서가숙으로 장터를 떠도는 낭인(浪人)의 무리들이었다.

나는 얼굴에 분칠을 하고
삼단 같은 머리를 땋아 내린 사나이
초립에 쾌자를 걸친 조라치들이
 날라리를 부는 저녁이면
다홍치마를 두르고 나는 향단이가 된다.
이리하여 장터 어느 넓은 마당을 빌어
남포불을 돋운 포장 속에선
내 남성(男聲)이 십분 굴욕 된다.

산 넘어 지나 온 저 동리엔
은반지를 사주고 싶은
고운 처녀도 있었건만
 다음 날이면 떠남을 짓는,

처녀야!
 나는 집시의 피였다.
내일은 또 어느 동리로 들어간다냐.

우리들의 소도구를 실은
 노새의 뒤를 따라
산딸기의 이슬을 털며
 길에 오르는 새벽은
구경꾼을 모으는 날라리 소리처럼
 슬픔과 기쁨이 섞여 핀다.
〈남사당: 노천명〉

안성 남사당이 유명했던 것은 지리적 요충으로 안성 장이 삼남의 길목으로 번성하기도 했으려니와 청룡사의 보살핌과 뒷바라지가 큰 몫을 했다. 겨울철이 되어 남사당패가 돌아오면 절에 의탁해 잡일을 돌보며 다음 해 공연을 준비했다. 청룡사 오른쪽 불당골 골짜기에 자리 잡고 풍물과 줄타기(어름), 땅재주 부리기(살판), 접시돌리기(버나), 탈놀이(덧뵈기), 꼭두각시놀음(덜미) 등을 연습하며 훈련에 몰두할 수 있었다. 그런 연유로 근래 불당골에 바우덕이 사당을 지어놓고 안성 남사당패의 본거지로 기리고 있다.

안성 남사당패를 대표하는 우두머리 꼭두쇠는 바우덕이(岩德)

다. 그녀는 1848년 가난한 천민의 딸로 태어나 5세부터 남사당을 따라 다녔다. 본래 남사당패는 남자들만으로 이루어지지만 뛰어난 재기와 능력 덕택에 남사당에 들어가 여자로서는 유일하게 꼭두쇠 자리까지 올랐다.

바우덕이는 안성 남사당패의 대명사요 상징이었다. '남사당이 왔다'가 아니라 '바우덕이가 왔다' '바우덕이다'라고 불렀으니, 그녀의 천부적인 예술적 능력과 기질이 이러한 유행어를 낳은 것이다. 민중의 사랑과 동경을 한 몸에 받았던 바우덕이는 단순한 예인을 넘어 대중문화의 스타였다.

▼ 2차 묘지 전경

흥선대원군이 경복궁을 중수할 때, 바우덕이의 소문을 듣고 그녀를 불러들여 장정들의 노고에 판놀음으로 위로하게 하였다. 그 공로로 당상관 정3품의 벼슬을 받아 영기(令旗)에 옥관자를 걸고 경향 각지를 누빌 수 있었다. 이로써 안성 남사당은 전국 예술집단의 최고봉 자리에 올라서게 되고, 바우덕이는 남사당패의 신화적인 스타로 그 이름을 후세까지 남기는 계기가 된 것이다.

안성 청룡 바우덕이 소고만 들어도 돈 나온다.
안성 청룡 바우덕이 치마만 들어도 돈 쏟아진다.
안성 청룡 바우덕이 줄 위에 오르니 돈 쏟아진다.
안성 청룡 바우덕이 바람처럼 떠나를 가네.

이 같은 노래가 지금껏 전해오고 있으니, 바우덕이의 뛰어난 줄타기 솜씨와 빼어난 미모는 뭇사람들의 눈 흘김을 한 몸에 받았을 것으로 여겨진다. 천재 요절 미인박명이라 했던가, 기예(技藝)와 미모가 출중했던 그녀는 1870년 스물셋의 꽃다운 나이에 폐병으로 요절했다. 그러나 바우덕이 그 이름은 오늘날까지도 남사당패의 전설적인 인물로 전해오고 있다.

청룡리 마을을 나와 저수지를 지나고 삼거리에서 1킬로쯤 내려오면, 산자락을 잘라내어 도로를 낸 곳에 농막이 하나 있고, 여기서 개울 건너 양지바른 남향받이 비탈 끝머리에 그녀의 무덤이 있다. 바우덕이를 사모하던 서른 살 연상의 같은 사당패 기둥서

▲ 남사당 묘기의 절정인 어름타기 모습

방이 얼어붙은 땅을 대충 파서 이곳에 묻어주었다고 전해진다.

빈천한 그녀에겐 묻힐 곳조차 변변히 없어 겨우 개울가에나 누웠으니, 그나마 지금까지 전해 내려온 것이 천만다행이라 여겨진다. 그녀의 무덤은 세상 사람들의 관심에서 잊혔다가, 안성시 당국에서 남사당 문화의 전승을 도모하면서 새롭게 단장되었다. 마흔아홉 계단을 올라가야 하는 그녀의 무덤은 가파른 언덕으로 제절이 협소하다.

기둥서방이 바우덕이를 묻고 통곡했다는 그 울음바위엔 '안성 남사당 바우덕이 묘'라 적힌 비석만이 개울을 내려다보고 서 있다. 무덤 앞에 소주 석 잔을 올리고 나니 금시에 빗줄기라도 쏟아질 것처럼 하늘이 잔뜩 흐리다. 무거운 날씨만큼이나 어둑한 바우덕이의 생애가 텅 빈 가슴을 서럽게 울려대고 있다.

▼ 한바탕 질펀하게 놀아대는 사당패의 모습

13 수도승의 선원 희양산 봉암사

▲ 풍경소리가 108번뇌를 씻어준다

산문을 굳게 닫아놓고 중생의 접근을 사양하는 이 땅의 마지막 청정도량 희양산 봉암사. 구산선문의 하나로 신라 이래 오늘날까지 수도승을 길러내는 수선도량으로 내려온 탓에 세속과의 인연이 쉽지 않은 절집이다.

봉암사는 일반인은 물론이요, 심지어는 스님들까지도 출입이 철저히 제한된 조계종단의 특별 선원이다. 다른 사찰에서는 하안거(夏安居)와 동안거(冬安居) 각각 석 달을 수행하고 남은 3개월씩 휴식을 취하고 있으나, 봉암사는 해제 기간이 따로 없이 일 년, 삼 년을 계속 참선과 수행에 정진해야 한다. 따라서 칩거에 드는 수도승이 아니면 스님들조차도 아예 출입이 불가할 정도의 철두철미한 참선도량이다.

두어 차례 어구까지 왔다가도 매번 돌아섰던 발길. 일 년에 단 하루 '부처님 오신 날'에나 문을 여는 까닭에 모든 일 제쳐두고 새벽같이 먼 길을 달려가야 했다.

▲ 일주문의 편액 '희양산 봉암사'

▼ 천년 고찰 봉암사의 모습

봉암사를 찾기 위해 초파일을 고대하던 이가 어디 한둘이겠는가? 밀려들 인파를 염려해 문경과 가은읍으로 들어가는 길을 피해, 아예 희양산 북쪽을 돌아 괴산의 쌍곡을 거쳐 반대 방향에서 들어갔다. 그럼에도 불구하고 도태교 다리가 있는 상괴리 삼거리를 채 못 가서 발길이 막힌다. 신도들을 실어 나르는 순회 차량이 쉴 새 없이 잇달아 왕복하지만, 그마저 타고 가기엔 여의치 않다.

고작 십 리 길인데 차를 타기 위해 긴 시간 기다리는 일도 무료하려니와, 푸른 신록도 청명한 하늘도 상쾌함을 더하리니 처음부터 걷기를 시작한다. 산사로 가는 길은 호젓해야 제격이고, 몇 시간 아니 온종일 걷는 길이라야 제맛이 나게 마련이다.

백로두(白老頭)의 희양산 암봉을 바라보며 봉암사로 들어가는 길은 양산천 개울을 끼고 느티나무 숲길이 이어진다. 늦봄 가뭄에도 보(洑)를 막은 소(沼)에는 청정한 물이 넘치고, 손바닥만 한 물고기들이 떼를 지어 노닌다.

윗상괴마을 앞길 가엔 서낭당이 옛 모습 그대로 남아 나그네의 발길을 쉬어 가란다. 허리에 낡은 금줄을 두른 수령 400년의 노거수 느티나무도 그윽한 정을 느끼게 해 주려니와 그늘에 원형이 고스란히 보존된 서낭각이 더없이 소중한 느낌으로 반갑게 다가온다. 한때 새마을 운동이 요원의 불길처럼 번져 나가던 시절, 누천 년 마을을 지켜오던 장승이며 서낭당을 헐어내야 마치 문명한 현대인이 되는 것처럼 날뛰던 일이 있었는데도, 이 고장 순박한 민심은 '내 것'과 '우리 것'을 지킬 줄 아는 지혜가 있었고나.

찻길이 끝나는 원북리 냇가에 십여 평이 넘는 평반석이 마을 사람들의 더없는 쉼터가 되고 있다. 이름하여 야유암(夜遊岩). 그 옛적 어느 풍류객이 달밤에 이 너럭바위에 앉아 통소라도 불었음 직도 하다만, 지금은 상혼에 눈먼 음식점이 평상을 즐비하게 깔아놓고 취객을 불러 앉히는 놀이터가 되어 버렸다.

에서부터는 딱딱한 포장길이 끝나고 폭신한 흙길이다. 노송과 잡목의 울창한 숲 그늘이 드리워져, 땡볕을 걸어오느라 흘린 땀을 일거에 시원히 거두어 준다. 나무기둥에 걸어놓은 청홍색의 연등을 하나씩 헤아리며, 발걸음은 세속을 뒤로하고 피안의 골짜기로 깊숙이 빠져들어 간다.

▲ 백색 연등으로 가득 찬 초파일의 봉암사

터덜터덜 숲길을 10분 남짓 오르다 보면 오른편으로 개울 건너 직접 절 마당으로 이어지는 널찍한 새 길이 나타나고, 그대로 직진하면 일주문에 이른다. 아름드리 싸리나무 둥치를 그대로 기둥으로 삼은 일주문 현판엔 '曦陽山鳳巖寺' 글자가 선명하고, 뒤편엔 '鳳凰門' 편액을 걸어 두었다. 일주문을 지나 침류교. 다리에서서 바라보는 봉암사의 전경은 전해오는 얘기 그대로 봉황새가 알을 품는 형상이라 할까.

▲ 운집한 수도승들이 예불

백두대간의 연맥이 희양산(998m)을 솟구쳐 만들고, 모든 흙을 씻어내려 허연 바윗살만을 드러내 천혜의 기묘한 암봉을 이루어

놓았다. 신라적 지증대사가 이곳의 지세를 일러 '중들의 수도처가 들어서지 않으면 도적 떼의 소굴이 될 자리'라 하며 봉암사를 창건했다 하니, 속인의 눈에도 이만한 명당이 다시없을 듯싶다.

대웅보전 앞마당을 가득 메운 초파일 연등은 붉고 푸른 채색의 연꽃등이 아니다. 그 어떤 덧칠도 꾸밈도 없이 창호지의 바탕 빛깔 그대로 소박하고 질박한 흰색등 일색이다. 여느 절에서 볼 수 없었던 이채로운 관등의 모습이다. 흰색은 만유 색채의 근본이기에, 모든 물상의 진여(眞如)한 자태를 형상하고자 하는 의미일 수도 있겠다. 무명을 밝히는 연등의 광명한 빛을 받들어 작은 염원을 실어 나도 등을 하나 달아본다. 설산 고행을 통한 석가모니 부처의 득도 경지를 헤아리며, 뭇 중생으로서 벗어날 수 없는 원초적 108 고뇌를 저으기 덜어보려 함이려니. 작은 등불 하나에 의지하여 피안의 안식을 도모함은 스스로 세속적 욕망의 존재임을 드러냄이 아니겠는가.

생로병사야 원초적 4고(四苦)로 인간의 업보라 했는데, 연말 이래의 병고로 일터를 나가지 못한 채 아직껏 기적의 영험이나 바라고 있으니, 나의 존재도 이만하면 한낱 미물에 불과할 뿐이다. 종교(宗教)란 의미하는 그대로 가장 큰 가르침이요, 진리와 도를 깨닫기 위한 수행이어야 한다. 고작 자신과 가족의 안위나 영달만을 기도하는 소아적 기복신앙이 석가나 예수의 가르침이 아닐진대, 건강이나 재복만을 추구하는 이기적 신앙을 벗어나지 못하고서야 이를 어찌 신심이라 이르겠는가.

대웅보전 앞뜰 한가운데 높이 1m 정도의 노주석은 '불우리'라

▲ 봉암사 윗계곡 백운대의 마애석불

하여 본래 밤중에 행사가 있을 때 관솔불을 피워 주위를 환하게 밝히는 역할을 하던 유물이다. 이제야 산중 절간에도 전기불이 들어오지 않는 곳이 없으니 그 머리에 작은 소나무 한 그루 청청한 기운을 드러내고 있을 뿐이다.

봉암사 경내를 벗어나 계곡을 거슬러 5분여 오르면 널찍한 반석과 크고 작은 바위들이 어우러진 백운대. 세월의 이끼에 형체조차 희미한 '白雲臺' 각자는 대 문장가 최치원의 필적이란다. 계곡을 타고 흘러내리는 물은 청정하기 이를 데 없고 사위를 둘러친 노송은 천하의 절경을 이루어 냈다. 봉암사와 함께 희양산 자락 모든 곳이 사람의 발길을 막고 있으니, 천혜의 수림과 경관, 그리고 생태 환경을 보존하기 위한 목적이다. 연전에 이 지역 출신 국회의원과 문경시 측에서 희양산 일대를 국립공원으로 지정하고 개발을 추진하였으나 주지 스님의 오랜 단식과 불교 종단 및 환경 단체, 그리고 여론의 반대에 부딪쳐 무산된 일이 있다.

14 서해의 끝섬 백령도

▲ 서해 최북단임을 알려주는 백령도 빗돌

이름만으로도 멀고 아득하게만 느껴지는 섬 백령도. 분단된 국토의 서쪽 끝, 아니 서북해의 최북단 맨 위쪽에 혼자 저만치 떨어져 상대방에 둘러싸인 외로운 섬이라고나 해야 할까. 백령도는 남북 간의 긴장이 오르내릴 때마다 밀물처럼 가슴 속으로 들어와 안기기도 하고, 다시 썰물이 되어 기억의 저편으로 잊히기도 하는, 겨레의 불운한 현대사와 운명을 같이하는 섬이기도 하다.

이즈음 한창 구설에 휘말리고 있는 북방한계선(NLL)을 따라 올라가면 차례대로 우도, 연평도, 소청도, 대청도, 그리고 가장 위쪽 백령도까지를 뭉뚱그려 '서해5도'라 부른다. 상대방의 턱밑을 지척의 거리로 훑어가며 우리 안보의 생명선 역할을 하고 있는 소중한 존재가 바로 이들 섬이다. 국토의 구석구석 떠돌아다니기를 즐기면서도 상대와 대치하고 있는 최북방의 전선이라는 이미지가 주는 심리적 거리감으로 여태껏 찾지를 못한 것이다.

한반도 반쪽짜리 땅이나마 현재 대한민국의 영토 중 동서남북 끝섬은 차례대로 독도, 가거도, 마라도, 백령도다. 그래 여기도 내 나라 내 땅이거니 애틋한 정을 품안에 끌어안고 흙이라도 한번 밟아보고 싶어 오백 리 뱃길 따라 탐방 길에 나선다.

▼ 서해 해금강 두무진 선대암의 절경

인천항 연안부두를 출발하여 쾌속선으로 4시간 만에 소청 대청을 거쳐 백령도의 용기포항에 도착한다. 거리로는 220여km, 경부고속도로로 치면 대충 서울에서 김천까지의 먼 길이다. 선착장은 섬의 동쪽이니 '용기산 전망대'를 시작으로 북쪽 해안을 거쳐 시계 역방향으로 돌아보는 코스를 잡는다. 용기원산은 해안가에 오뚝하게 솟아있는 외딴 봉우리기에 급한 경사길이 몇 번의 심한 굽이를 틀고 올라간다. 아직 주변 공사가 마무리되지 않았으나 봉우리 꼭대기 전망대에 올라 북녘을 응시한다.

바다 건너 동서로 이어지는 산줄기는 황해도 연백 땅, 멀리 수평선에 가물거리는 모습이 아니요, 눈앞 지척의 거리에 육안으로도 선명할 정도의 정경이다. 육지의 휴전선이야 철조망이 높이 설치되어 있지만, 여기 바다엔 그 어떤 철책도 장애물도 없다. 보이지도 않는 선을 그어놓고 반세기가 훨씬 지나도록 서로가 한 발짝 넘을 수도 없었다니.

붉은 통치가 싫어 잠시 섬으로 건너왔던 이들이 평생 고향을 건너다보며 통한의 세월을 보내야 했다. 이 같은 기구한 운명은 지구상에 우리 민족만이 겪는 고통이다. 분단이야 애초 힘센 자의 강요와 장난질에 의한 불가항력의 결과물이었으나, 오랜 세월이 지나도록 풀어내지 못한 것은 온전히 우리 민족 스스로의 못난 탓이려니.

용기원산을 내려와 심청각에 이르러서도 눈앞의 풍경은 매한가지다. 물 건너 저쪽 편 땅까지는 고작 10km, 왼쪽 끝머리 장산곶은 고작 15km라 했다. 백령도는 심청전의 설화가 그대로 살아

▲ 갈매기와 가마우지의 휴식처 잠수함바위

있는 곳이다. 심청이 몸을 던졌다는 인당수가 저기 보이는 장산곶 앞바다요, 심청이 환생한 연꽃이 떠내려 오다 걸렸다는 연봉바위가 있고, 백령도 서쪽 끝 동네 이름이 연화리다.

심청의 고향이 황해도 황주이니, 이렇게 연결 지어 생각하면 뱃사람에게 팔려 몸을 던진 심청전의 배경이 장산곶과 백령도 사이의 바다임을 금방 알아차릴 수 있겠다. 전남 곡성군이 심청이 마을을 단장해 놓고 축제까지 벌이며 온통 심청을 내세운 홍보에 열정을 보이는데, 심청 설화와 비슷한 효녀 이야기는 여러 곳에서 찾아볼 수 있다.

심청각 앞뜰에 심청의 조각상이, 건물 내부엔 백령도의 내력과 심청전 소개 자료가 잘 정리되어 있다. 적혀있는 백령도의 전설이 자못 애틋하다. 멀고 먼 오랜 옛날에 백령도 앞바다에 작은 섬이 두 개 있었는데, 한 곳엔 처녀가 살고 있었고 다른 섬에는 총각이 살았다. 처녀와 총각은 서로 사랑하는 사이였지만 바다가 가로 놓여 서로 만날 수가 없었다. 그리움에 사무치던 처녀가 상사병에 걸려 죽고 그 영혼이 하얀 갈매기로 변해 총각이 사는 섬으로 날아가 겨우 상봉했다고 한다. 그래 흰 백(白) 날개 령(翎) 글자를 써서 백령도(白翎島), 이름 그대로 '흰 갈매기의 섬'이다.

동국여지승람에 의하면, 백령도는 조선 세종 때에는 해주목사(海州牧師)가 관할하고 중엽에 황해우도(黃海右道)에 소속되어 옹진에 설치된 병마절도사령에 귀속되었다. 그 후 조선 말엽 전국이 23부로 구성될 때 해주부에 속해 있다가 13도가 설치되고, 일제 말까지 황해도 장연군 백령면으로 내려오다 현재는 인천광역시 옹진군 백령면으로 남아있다.

1990년대 들어 간척사업이 대대적으로 이루어져 지금은 면적 46㎢, 섬 둘레 57km로 국내 섬 중 8번째 크기다. 인구는 1만 명 정도이나 주민과 군인이 절반씩이라 한다. 해발 184m의 업죽산이 최고봉이니 섬 전체가 나지막한 구릉지대와 평야가 대부분이다.

백령도엔 천연기념물이 다섯이요 명승이 한 곳 있다. 그만큼 찾아볼 만한 곳이 많다. 동남쪽 진촌리에 위치한 사곶해변은 천연기념물 제391호로 석영 모래밭이 3㎞에 걸쳐 펼쳐진 천연해수욕장이다. 자동차가 달려도 모래에 빠지지 않을 만큼 단단하게 다져진 백사장은 6·25 전쟁 시 유엔군의 임시 비행기 활주로로 사용되기도 했다. 이처럼 자연조건을 갖춘 곳이 나폴리 해변과 두 곳뿐이라 하는데, 간척사업과 방파제 설치 이후 조류의 흐름이 바뀌면서 모래사장이 많이 훼손되었다.

▲ 바닷가 곳곳에 피어있는 해당화

천연기념물 제392호 남포동 콩돌해안은 2km에 걸쳐 동글동글한 돌멩이로 이루어진 해변이다. 오랜 세월 동안 파도의 작용으로 콩알 모양의 크고 작은 둥근 자갈로 다듬어진 것이다. 물결이 밀려와 콩돌과 부딪힐 때마다 여러 가지로 다르게 들리는 파도 소리는 이곳에서만 느낄 수 있는 특별한 선물이다.

백령도 자연경관의 백미는 서북해안 두무진 선대암의 기암괴석들이다. 두무진은 연화리 마을의 포구 이름이요, 선대암은 명승8호로 백령도 북서단 연화리 해안의 기암절벽 일대를 가리킨다. 수십 미터 높이로 흘립한 바위봉들이 장수의 머리 모양과 같다 하여 두무진(頭武津)이라 불렀다 한다. 거제 해금강, 홍도와 흑산도, 남해의 절경 백도에 비견될 정도의 놀라운 경관이 해안 절벽을 휘감고 있다.

▲ 인당수가 보이는 언덕에 위치한 심청의 상

조선 광해군 때인 1612년 이곳으로 귀양 온 이대기(李大期)가 지은 「백령도지」에서 선대암을 가리켜 '늙은 신(神)의 마지막 작품'이라고 극찬했을 정도로 기이한 경관을 자랑하는 곳이다. 오랜 파도의 침식으로 병풍처럼 깎아지른 층암절벽과 기암괴석들은 코끼리바위, 형제바위, 장군바위, 신선대, 물개바위, 부처바위, 잠수함바위 등 온갖 형상의 절경을 이루고 있어 서해의 해금강이라 부를 만하다.

유람선으로 한 시간 남짓 돌아보면서 특기할 것은 가마우지와 물범의 서식지를 직접 보살펴본 점이다. 선대암 거대한 석벽의 틈서리마다 가마우지가 새까맣게 붙어있는가 하면 코끼리바위와 잠수함바위 일대에서 물 위에 머리를 내밀고 유영하는 물범의 모습은 이곳 백령도에서나 볼 수 있는 특이한 경관이다. 점박이물범은 중국 발해만에서 겨울을 나고 봄에 내려왔다가 10월 말쯤에 다시 돌아간다. 천연기념물과 멸종위기 야생동물로 지정되어 있으나 나날이 개체 수가 줄어들고 있어 안타까움을 더한다.

▲ 천안함 피폭 현장의 위령탑

중국 어선의 물고기 남획으로 물범의 먹이가 줄어들기도 하고, 상어 떼들이 북상하면서 그들의 먹잇감이 되는 것도 그 원인의 하나라고 한다. 그보다 더 중요하고 심각한 것은 중국의 공업화와 우리의 환경에 대한 무감각 등이 복합적으로 어우러져 물범의 생태를 파괴시키는 것이 주요 요인이 되고 있다 한다.

15 울고 넘는 박달재

▲ 고갯마루 노래공원에 있는 '박달재' 비

내 나라 내 땅을 두루 돌며 발길 따라 흐르는 산골나그네는 노래의 고향을 찾아 충주를 지나 동(東)으로 제천 길을 휘적휘적 내닫는다. 지금이야 고개에 이르기 훨씬 전부터 산 밑으로 4차로의 널찍한 새 길이 나고 터널까지 시원하게 뚫려 몇 분이면 지나갈 수 있는 것을, 인적도 한산한 산굽잇길을 애써 오르는 것은 콧소리로 박달재 가락을 흥얼대며 넘어보고 싶은 유랑의 객심 때문이기도 하다.

젊은 시절 고갯길이 포장도 되기 전, 굽이굽이 다듬어지지 않은 자갈밭 흙길을 혼자서 행장으로 터덜터덜 걸어 넘었던 적이 있었다. 오늘 새삼스레 고갯길을 다시 밟아보는 것은 소년 시절의 친구가 그곳 잿마루에서 휴게소를 하고 있어 그를 만나기 위함이기도 하려니와 오래 잊고 살았던 고향을 더듬어 가는 회심의 귀향길이라고 해야 할까 보다.

▲ '울고 넘는 박달재' 노래비

천둥산 박달재를 울고넘는 우리님아
물항라 저고리가 궂은비에 젖는구려
왕거미집을짓는 고개마다 구비마다
울었오 소리쳤오 이가슴이 터지도록

부엉이 우는산골 나를두고 가는님아
돌아올 기약이나 성황님께 빌고가소
도토리 묵을싸서 허리춤에 달아주며
한사코 우는구나 박달재의 금봉이야

박달재 하늘고개 울고넘는 눈물고개
돌뿌리 걷어차며 돌아서는 이별길아
도라지 꽃이피는 고개마다 구비마다
금봉아 불러보나 산울림만 외롭구나

'울고 넘는 박달재'는 1948년 박재홍이 불러 공전의 대히트를 한 서정성 높은 대중가요다. 작사가 반야월이 집시처럼 떠돌아다니던 유랑극단 시절 제천 공연을 마치고 충주로 옮겼는데 궂은비로 며칠을 여관에 발이 묶여 있어야 했다. 그때 박달재를 넘어오면서 보았던 어느 촌부 내외의 이별 장면을 떠올리며 박달재의 전설과 결부시켜 즉흥적으로 노랫말을 짓고, 여기다 김교성이 곡을 붙였다는 후일담이 전한다.

KBS-1 TV의 장수 프로 '가요무대'에서 30년을 넘는 동안 가장 많이 불린 노래가 바로 '울고 넘는 박달재'라 하니, 일반 대중의 지극한 사랑을 독차지하는 영원한 애창곡이요 불의 국민가요라 해도 지나친 말이 아닐게다.

▲ 노래의 주인공 박달도령과 금봉이 상

▲ 공원에 주인공을 형상화한 조각 작품이 많다

대중가요는 한 시대를 풍미하는 유행가의 성격을 띠고 있다. 어느 시대를 막론하고 그 시대를 대표하는 노래의 형식이 있게 마련이다. 시조 역시 '시절가조'의 준말이니 조선 후기 일반 대중들이 즐겨 부른 가락이란 뜻이다. 오늘날의 대중가요 출발이 1900

년대에 들어와 새로운 형태로 나타난 것이기는 하지만, 오랜 세월을 두고 대중들이 즐겨 부른다는 면에서 굳이 외래적 요소 운운하며 금기시할 필요는 없다.

어느 문화이고 온전한 자기네 고유의 것은 드물다. 대부분이 남의 문화와 교류하며 알게 모르게 자생적으로 태어나 대중의 호흡에 맞게 변화하고 자리를 굳히게 되는 법이다. 우리의 대중가요 음률이 엔카를 닮았다 하여 지나치게 왜색으로 몰아치는 것도 못마땅한 자기부정일뿐더러 트로트니 뽕짝이니 폄하하여 부르는 것도 지양해야 할 일이다. 자의든 타의든 우리의 대중가요는 한 세기가 넘는 긴 세월 동안에 완전하게 우리 고유의 노래로 굳어졌다. 이제는 어엿한 우리네 전통가요로 자리매김한 것이다.

노랫말처럼 '천등산 박달재'는 하나가 아니라 별개의 것이다. 산척에서 올라가는 첫 고개 다릿재가 있는 산이 천등산(807m)이요, 다릿재를 내려가 백운에서 다시 넘어가는 두 번째 고개가 해발 453m의 박달재다. 박달재는 치악산의 지맥이 흘러내려 백운산을 이루고, 그 줄기가 다시 남으로 뻗으면서 구학산, 시랑산을 만들면서 두 봉우리 사이를 넘어 충주나 봉양 양방향으로 가는 질마형의 안부에 해당하는 고개다. 그래서 박달재의 옛 이름은 조선 시대까지만 해도 '이등령'이라 불렀다. 고개의 동편은 봉양읍이요, 서편은 백운면이니 모두가 제천 땅이다.

역사적으로는 거란의 대군이 침공했을 때 박달재 전투에서 고려의 김취려 장군이 크게 승리한 곳이요, 이 고장 출신의 삼별초 군사들이 몽골군을 막아낸 곳이기도 하다.

'박달'의 의미는 '밝'+'달'의 합성어다. '밝'은 '밝음, 광명. 희망'의 뜻으로 한자음을 차용하여 朴. 白. 大 등으로 표기한 것이요, '달'은 '양달, 응달'에서 보듯 '땅, 언덕'의 고어로 한자음 達로 차음한 것에 불과하다. 따라서 '박달'은 아침 해가 찬란히 떠오르는 광명과 희망의 땅이요 민족의 시작과 근원이 되는 곳으로 신령스런 하늘에 제를 올리던 성스러운 장소가 된다. '박달나무'나 괴산의 '박달산' 포천의 '박달산'도 모두 어원이 같은 말이다. 박달재에서 충주호로 닫는 산줄기의 봉우리를 차례대로 천등산, 지등산, 인등산으로 이름한 것도 이색적이고 또한 이채롭다.

▲ 굽이굽이 넘어가는 박달재 고갯마루 전경

아름드리 소나무로 울창한 고갯길은 초여름 뻐꾸기 소리만이 한적한 고요를 더할 뿐, 스치는 차량도 뜸하고 적적한 채 바야흐로 다시금 옛길로 묻혀가고 있다. 하긴 이 산골나그네 낭산(浪山)처럼 하릴없이 일부러 찾지 않고서야, 굳이 직선화된 신작로를 두고 굽이굽이 휘어져 돌아가는 산길을 무어 찾을 까닭이 있겠는가. 제철보다 늦게 피어난 아카시 꽃향기를 코끝으로 내음하며 훠어이훠어이 올라선 잿마루엔 박달재 노래비가 길손을 맞아 서 있다.

노래비 뒤편으로는 넓은 광장엔 전설의 주인공인 영남 선비 박달도령과 고개 아랫마을 금봉이의 애절한 이별 장면을 형상화한 부조상이 먼 하늘로 한양길을 바라보며 못다 한 사랑을 포옹으로 나누고 있고나. 서원휴게소 뜨락엔 삼십여 개가 넘을 장승과 목각들이 즐비하고 건너편 산자락엔 과거길 낭군님의 알성급제를 소원하던 서낭당이 새롭게 단장되어 이곳 일대를 유서 깊은 노래공원으로 마감해 놓았다.

휴게소에서 흘러나와 진종일 산울림으로 들리는 음악은 여러 가수가 제각각의 불러대는 박달재 노래의 끊임없는 접속곡으로 울고 넘는 박달재의 정취와 감회를 한껏 뒤흔들어 놓는다. 오늘 하루, 이 노래를 불렀던 가수 박재홍이 되고, 전설 속의 박달도령이 되어 예서 발길 멈추고 저녁을 묵어가자. 열나흘 휘영청 밝은 달빛이 밤새 객창에 스며들고 소쩍새 울음 우는 짧은 초여름 밤을 마저 뒤척이게 하는고야.

▲ 박달재 공원의 나무 조각상

16 대관령 역마(驛馬)가 되어

▲ 신사임당의 '사친'시비

고개가 너무 험해 대굴대굴 구른다 해서 '대굴령' 유식을 좋아하는 이들이 한자로 대관령(大關嶺)이라 불렀다 하더라만, 영동의 강릉에서 백두대간을 넘는 '큰 관문'이란 의미임을 왜 모르랴.

이즘에 이르러 대관령을 넘는 길은 세 가지. 최근에 개통된 새로운 영동고속도로가 가장 빠른 길이요, 아흔아홉 번 휘돌아 굽이굽이 기어오르던 구도로가 둘째 방법이고 마지막이 그 옛날 강릉의 선비들이 드나들던 오솔길이 셋째 길이다. 내친김에 이 세 개의 길을 모두 지나기 위해 새 고속도로로 넘었다가 다시 강릉 성산에서 구도로를 이용해 대관령 정상으로 돌아왔다. 여기서 잠시 강릉단오제의 고유제를 올리는 국사서낭당을 들렀다가 5월의 연둣빛 신록이 움트기 시작하는 옛길을 더듬어 내려간다.

▲ 반정에 서 있는 '대관령 옛길' 돌비석

옛 오솔길의 시작이야 반정부터지만 이왕이면 정상에 있는 '사임당사친비'를 둘러보고 내려가면 한결 의미가 있다. 사임당은 허난설헌과 더불어 강릉이 낳은 양대 여류 인물. 알다시피 영원한 어머니의 표상인 사임당은 강릉 오죽헌 태생이다.

서울로 출가해 가마 타고 눈물로 넘던 고개요, 친정 귀향길에 산마루에서 고향 마을과 동해 바다를 바라보며 또 한 번 눈물을 훔치던 사연 많은 고갯길이 아니던가.

서화(書畵)에 능했던 사임당이 남긴 그 유명한 '사친(思親)' 시 구절.

늙으신 어머님을 고향에 두고
외로이 서울 길로 가는 이 마음
돌아보니 북촌은 아득도 한데
흰 구름만 저문 산을 날아 내리네.

사임당비 아래로 5분여 거리에 '대관령 옛길' 표지판이 하나 나타나니, 여기가 곧 반정(半程)- 고개 아래서 마루까지의 중간 거리라는 뜻이겠다. 강릉 시가지가 한눈에 잡히고 망망한 동해의 수평선이 꿈길처럼 아득하다.

나무 층계를 내려서면 이내 협소한 오솔길의 연속. 대충하여 성산 소재지 대관령박물관까지는 이십 리가 못 되는 길이다. 대간의 동쪽이 급하고 서쪽이 완만하듯이 내리막길은 경사가 심하고 직선 길 하나 없이 구절양장보다도 더한 산굽잇길의 계속이다. 고개 윗부분은 이제 막 나뭇가지에 새싹의 움이 트는가 했더니 산 높이가 낮아지면서 연초록의 잎새들이 싱그러운 향내로 파고든다.

잿마루 중턱쯤에서 불망비(不忘碑)를 만나 대관령의 사연을 듣

▶ 길을 넓혀준 이에 대한 공덕비

는다. 그 옛날 고씨(高氏) 성을 가진 관리가 행인들을 위해 길을 넓혔기에 산 아래 어흘리 주민들이 그 은혜를 기리기 위해 세웠다는 안내판의 설명이다. 오늘날이야 주말이나 휴가철이면 대관령이 차량으로 밀리고 덮이지만, 그 시절엔 몇 날 며칠을 힘겹게 걸어 넘어야 했던 고난의 길이요 한숨의 고개였다. 동해의 해산물을 실은 객상들이 한양에서의 일확천금을 꿈꾸며 넘던 고개요, 난세의 영웅 허균이 어지러운 세상을 탄식하며 수없이 넘나들었고, 그의 누이 난설헌이 꿈에서나 고향을 그리며 작품 속에서 노닐던 한의 영마루였다.

뿐이랴, 유년기의 내게도 동경에 사무치던 곳이 대관령이고 강릉이었다. 초등 시절 학예회에서 강릉으로 장사 나갔다가 영영 돌아오지 않는 아버지를 기다리던 누이와 동생의 가난하고 슬픈 이야기에서 동생 역을 맡았던 탓에 강릉은 또 다른 마음의 고향이요, 대관령은 다가설 수 없는 영혼의 장애물이었다. 나이가 들고 역마의 나그네가 되어 대관령을 수없이 넘나들었으나, 그때마다 그 험하고 힘든 고개는 언제나 향수 속의 정겨운 서경시였다.

급한 언덕을 내려서면 계곡에서 내리는 물을 만나고 이내 주막이 있던 자리. 지금이야 고작 풀밭에 이정표만이 덩그렇게 서서 길손을 맞이하고 있으나, 골짜기에 펼쳐진 백옥의 평반석은 발길을 쉬어가란다. 굳이 이름을 알 필요도 없이 그저 예서 한 마리 산천어든 열목어가 되어 청정의 이 계류에서 신선과 어울려 살고나 지고.

조금 더 발길을 옮기니 널찍한 터에 철늦은 복사꽃이 여기저기 흩어져 피었고 뽕나무 아름드리 그루터기가 여러 그루 남은 것을 보니 불밭을 일구고 꽤기질을 하며 깊은 골에 숨어 살던 화전민 터가 틀림없다. 오는 이도 가는 이도 별로 없는 평일의 외진 산길을 훠어이훠어이 산타령이나 홀로이 읊조리며 내려오기 두어 시간 만에 통나무 오두막 주막집에 이른다.

옛 주막집은 터만 남고 역사의 뒤안길로 사라졌으되, 훨씬 아래쪽에다 산을 좋아하는 이가 새로이 '옛길주막'이란 간판을 걸었고나.

▲ 길손들의 목을 축여주는 쉼터 주막

▼ 옛 주막집터에는 이정표만이 남아있다

▲ 강릉이 낳은 작가 신봉승의 '대관령' 시편

골짜기와 산모롱이를 감아 도는 흙길은 예서 끝나 버리고 나머지 대관령박물관까지의 길은 차량까지 드나드는 보도블록의 포장길이다. 산골 오지를 좋아하는 이는 강릉이나 정동진 바닷가로 향하지 말고 성산면 소재지 구산리에서 왕산면 대기리를 거쳐 정선의 구절리까지 송천을 따라 이어지는 비포장의 산협 길을 한번 가볼 일이다.

17 새재 옛길을 따라

▲ '문경 새재 과거길' 표지석

어쩌다 역마살이 끼어 산과 바다로 돌아다니기를 즐겨 하냥 적료함을 이기지 못할 때면 등짐지고 청산을 간다. 오래 적부터 향수 같은 그런 유(類)의 마음 당김이 심상치 않던 소백의 새재를 넘으리라 향리를 나서서 연풍(延豊)을 찾았다. 연풍은 소백산맥을 끼고 문경과 30리를 마주하고 있는 충북 괴산(槐山)의 조그만 면 소재지로 서울에서 경상도 문경·점촌·상주로 통하는 교통의 요로원이다. 본래 산이 깊은 협곡에 위치하고 있으나, 지리상으로는 영남 지방 사람들의 서울을 향하는 관문 격이 되는 곳이다.

연풍 장터에서 지나가는 빈 트럭을 얻어 타고 수옥폭포 입구에서 내려 도로를 가로 건너 세로(細路)로 접어드니 물소리가 들리기 시작한다. 새재 여러 계곡으로부터 내린 물이 내를 이루어 석계로 흘러간다. 여기서부터 골짜기가 시작되고 고개가 비롯되는 것이다. 완만한 경사길을 더듬어 발길을 재촉하여 한숨 턱을 오르니, 갑자기 수림이 우거지고 물소리 더욱 요란하다. 행인의 찾음을 지레 알았는가, 폭포수의 굉음이 8월의 염천을 시원스레 깨뜨린다. 땀 씻을 겨를도 없이 금방 더위가 싹 가신다. 한걸음에 뛰어 올라서면 바로 수옥폭포가 눈앞에 드러난다. 백포(白布)를 펼쳐 천애에 걸친 듯, 흰 물줄기가 내려 쏟는 모습은 차라리 수옥(水玉)이다.

▼ 새재 고갯마루의 제3관문 조령관

공민왕이 홍건적의 난을 피해 내려왔다가, 이 폭포수와 함께 여름을 나고 환궁했다는 일화를 되새기며, 수옥정(漱玉亭)에 앉으니, 눈앞의 모습을 바라보고 그 소리를 듣는 것만으로도 훌륭한 납량이 되는 것이다.

폭포수의 층암을 넘어서 산곡을 치올라 새재에서 넘어오는 옛길로 접어든다. 기암괴석의 험준한 산맥이 달리고, 심산유곡이 이어지는 시선 끝에 마소의 질마를 엎어놓은 듯 고갯마루가 멀리 보인다. 신작로는 못 되더라도 산협로 치고는 옛날의 주로(主路)답게 비교적 좋은 길이다. 그러나 억새가 멋대로 자라 길섶을 뒤덮은 전형적인 시골길. 이 길이 곧 영남 선비들이 한양으로 말을 몰던 역사의 길이 아닌가!

많은 선비가 청운의 뜻을 품고 과거 길에 오르던 길이요, 등과하여 금의환향하던 기쁨이 서린 길이고, 낙방의 실의로 귀향하며 눈물을 뿌린 길이기도 하다. 영남 선비들의 회비와 애환이 수없이 얽힌 길이니 한 걸음 한 걸음마다 고인들의 정취가 어린다.

역사의 한 몫을 크게 하던 이 길도 일제가 산맥 남으로 이화령(梨花嶺)을 닦은 후로는 통행인의 발길이 차차 줄어들어, 오늘날은 시울을 가기 위해 이 길을 걸어 넘는 사람이 거의 없게 되었다. 산새 소리만 다시 죄죄하고 옛 영화는 한낱 일취지몽이 되고 말았으니 세월의 무상함이런가.

서러워서 울고 넘는 눈물의 문경 새재

박달나무 가지 위에 조각달이 걸렸구나

새재의 박달나무는 예로부터 유명해 포도청 군졸들의 방망이 감이 되었다 하더라만 성시의 옛이야기가 아닌가?

청정계곡의 개울물로 해갈하고, 다시 한참을 숨차게 오르면 질마형의 산마루, 여기가 백두대간의 등줄기, 새재의 정상이다. 괴산 땅이 고구려와 신라의 영토에 번갈아 편입되었음에 비해, 문경 땅이 천 년 동안 신라의 현(縣)으로 줄곧 종속되어 온 것은 새재의 지리적인 여건 때문이다. 날아가는 새도 쉬어야 넘는다 해서 새재, 마루턱 퇴락한 돌기둥 이정표엔 충주 30km, 서울 182km라 쓰였으니 한양까지는 500여 리의 길이란다.

표석(標石)을 잠깐 더듬어 읽고 성루를 앞으로 돌아 현판을 보니, 조령관(鳥嶺關) 석 자가 의외로 선명하다. 문경 쪽에서 올라오면서 1·2·3관문이 있으니 이것이 바로 제 3관문이다. 행정구역상으로는 경북 문경시 문경읍 상초리가 된다.

옛 기록엔 조선 시대에 남북 약 8km 간을 돌로 축성하고 세 관문을 두었다 하고, 또 다른 기록엔 삼한 시대의 석성(石城)이라고도 전해 온다. 임진왜란 당시 누각이 소실되어 축대만 남아 오랜 세월을 지나는 동안 그나마 다 허물어져 다람쥐들의 낮잠 터로 내려오다, 근년에 겨우 중건을 보고 단장을 해 두었다.

▼ 길손들의 쉼터 조령원의 돌담장

신립이 새재에 철옹성을 구축하여 요새를 사수만 했더라도, 적의 상륙 한 달 만에 서울이 함락되고 선조 대왕께서 몽진하시는 국치를 피할 수는 있었을 것이다. 전초 기지가 쉽게 무너지는 바람에 전 국토가 초토화되는 7년 동안의 고초를 치러야 했던 것은 무력한 민족의 비극임이 틀림없다. 신립은 탄금대서 배수진을 치고 격렬한 일전을 맞아 10여 명의 장졸을 베고 달천강에 몸을 던져 최후를 마쳤다.

3관문 옆 서낭당에 돌을 던지고 제2관문, 제1관문을 향해 고갯길을 내려선다. 제2관문까지는 3km 남짓하고, 제1관문까지는 7km의 거리다. 백노두(白老頭)의 좌우 산형을 둘러보며 구절양장의 산굽이를 휘돌아 내리막길을 재촉한다. 골짜기 밑에서부터 불어오는 시원한 바람에 발걸음이 한결 가볍다.

눈앞에 펼쳐지는 산경이 장관이다. 왼쪽으로는 해발 1,107m의 주흘산(主屹山)이요, 오른쪽으로는 조령산(鳥嶺山)이 이마를 맞대고 버티어 위용을 드러내고, 양 산줄기 사이의 계곡은 끝없이 이어져 있다. 골골이 흘러내린 술잔만큼의 물이 어느새 크고 작은 봇(洑)을 이루며 바윗돌을 휘돌아 꼬꾸라져 흐른다. 이 골짜기를 내리는 물은 여기서부터 낙동강 700리 물길을 시작하는 것이다. 멀고 먼 행로를 위해 힘찬 굉음을 내며 급류로 쏜살같이 내닫는다. 고개 하나를 두고 빗방울의 낙수가 한강과 낙동강으로 분수의 운을 맞음은 창조주의 뜻이러니, 인간의 대소사가 여의치 못한 것을, 어찌 내 의지로 결정하랴.

▲ 새롭게 복원된 새재 주막집 풍경 ▲ '산불됴심'으로 표기된 초기의 한글비

성루의 을씨년스런 잔해가 또 서러운 제2관문 조곡관(鳥谷關)을 잠깐 보고 이내 하산길. 제1관문에 이르는 동안 팔왕폭포·교구정지·원터가 차례대로 늘어 있다. 교구정지는 신·구 관찰사가 교인(交印)하던 곳으로, 성종 때 현감 신승명(愼承明)이 이곳에 비를 세워 현재에 전해 온다. 교구정지와 좀 떨어져 다른 비하나 길섶에 묻혔으니, 고니시의 침공시 현감 신길원(申吉元)이 이에 항거, 관인을 지키다 순사했다는 내력을 안고 있다. 제2·1관문 중간쯤에 위치하는 원 터는 이름 그대로 원(院)이 있던 자리다. 새재를 넘는 사람들이 이곳에서 묵고 길을 떠나는, 일종의 여인숙 역할을 하던 곳이다. 2m가 넘는 성벽 같은 돌담이 정사각형으로 둘러있는데, 운 좋게 훼손되지 않고 잘 보존되어 있다.

깨어진 돌 부스러기 하나 어느 것인들 소중하지 않게 느껴지는 것이 있으랴만, 제1관문에 이르고 보니 다시 감개가 무량해진다. 영남 제1관인 주흘관(主屹關)으로 3개의 관문 중 유일하게 그 형체가 잘 전해져 왔던 성곽이다. 단애의 암벽이 아주 협소한 길목에 성문을 세우고 자연석으로 성을 쌓아 골짜기를 막았다. 성문

▲ 새재의 입구가 되는 제1관문 주흘관

만 닫게 되면 개미 한 마리의 통행도 허락하지 않는 다시없는 요충지임을 충분히 알 수 있다. 문안엔 말라죽은 전나무가 등걸만 앙상한 채 관문을 지키고 있어 풍우의 연륜을 찾는 이들에게 알려 준다. 성문을 빠져나와 좌측 계단에 올라서면 역대 관찰사들의 송덕비가 즐비하다.

깊은 골짜기로부터 반석을 씻으며 내려온 물은 제1관문 앞에 와서 큰 못을 이루어 자연의 조화를 한껏 발휘해 절경을 이룬다. 소백의 오지에 이런 비경이 숨어 있어 나와의 인연을 기다리고 있었으니, 어찌 명경(明鏡)의 수면에 자신을 반추해 보지 않으랴. 그림자는 못 위에 잠겼으되 옷은 젖지 않고, 꿈속에 청산을 걸었으나 다리가 아프지 않다.

18 죽령(竹嶺) 가는 길

▲ 백두대간을 가로지르는 마루턱의 죽령 빗돌

이 땅엔 참으로 산도 많다. 국토의 73%가 산악으로 이루어졌으니 어딜 가나 산이고 산이다. 하긴 대간 하나가 국토의 척량을 이루고 여기서 팔방으로 열두 정맥이 뻗어 나갔으니, 우리 지도를 들여다보노라면 반도 전체가 산으로 이루어진 느낌이다.

큰 산에 올라서 둘러보면 보이느니 온통 산과 봉우리의 연맥뿐이요, 사람이 깃을 틀고 살 만한 땅이 없어 보인다. 산이 많은 만큼 우리네 삶도 모두 그 속에서 이루어졌다. 산과 산이 겨우 벌려 놓은 좁은 골짜기에 터를 잡고 누천년 세월을 대대로 살아온 것이다.

사방이 산으로 막혀 있기에 외부로 통하려면 어딜 가나 고개를 넘어야 했다. 언덕 정도의 나지막한 고개도 있지만, 한나절 동안 땀을 흘리며 넘어야 하는 것도 있고, 때로는 하루를 종일토록 힘겹게 넘어야 하는 고개도 적지 않은 게 이 땅의 현실이 아닌가. 고개는 단순히 지역을 가름하는 경계만이 아니다. 산을 넘어가기 위해 오르는 길인 것만도 아니다.

▲ 길손들의 쉼터가 되는 고갯마루의 주막

고갯마루 서낭당엔 돌을 쌓으며 작은 소망을 빌던 가난하고 소박한 우리네 정서가 스며있고, 오두막 주막집 툇마루엔 고달픈 길손들의 정한이 깃들어 있기도 한 것이다.

굽이굽이 죽령고개 한도 많은 열두 굽이
달리는 짐자동차 숨이 차서 흐느낀다
부엉새 울어울어 밤은 깊은데
먼동에 불빛만이 처량하구나

산새도 잠이 깨어 날아가는 죽령고개
한 굽이 두 굽이에 밤은 점점 깊어간다
어제 밤 꿈에 만난 그 아가씨들
라이트에 그려보던 죽령의 밤아

오래 적 가수 박일남이 불렀던 '죽령고개' 노래다. 그리 유명세를 타지 못했기에 세인들의 귀에 익숙하지는 못하지만, 서툰 가락이나마 흥얼거리며 발길 따라 터벅터벅 죽령고개 마루턱에 올라섰다. 죽령은 경북 영주의 풍기읍과 충북 단양의 대강면을 구분 짓는 고개다. 예로부터 바람도 쉬어간다는 추풍령, 신립 장군의 원혼이 호곡하는 조령(새재)과 더불어 영남에서 한양으로 통하는 백두대간의 대표적인 세 관문이기도 했다. 그중에 죽령이 696m로 가장 높은 고개이니 여기서야 구름도 날새도 어찌 아니 쉬고 넘을 수 있으랴.

청운의 꿈을 안고 과거 길을 재촉하던 영남의 선비들은 모두 새재로 돌아가고, 다만 보부상과 지역의 민초들이나 넘나들던 길이 죽령이다. 추풍령을 넘으면 추풍낙엽이 되고, 죽령을 넘으면 죽을 쑤고 만다는 믿기지 않는 이야기가 전해오는 탓도 작용했으리라.

문경을 거쳐 새재를 넘어야, 지명 그대로 경사스러운(慶) 소식을 들을(聞) 수 있다는 일종의 언어유희 탓이다. 뿐이랴, 죽령은 임란 때 왜장 가등청정이 이 땅을 휘젓고 함경도까지 밀어붙였던 역사의 수난길이기도 했다. 일찍이 신라 시대에 '죽죽(竹竹)'이란 인물이 길을 열어 죽령(竹嶺)이라 했다 하고, 혹자는 대나무가 우거져 그렇게 전한다 하더라만, 모두가 부질없는 소리요 억지춘양의 속설에 지나지 못한다. '큰재(한티)'를 이두식으로 차음하여 '대(大)재'로, 대(大)를 다시 동음어 '대나무(竹)'로 그릇 인식하여 '죽령(竹嶺)'으로 부르고 있는 것이다. 새재 조령(鳥嶺)의 경우와 마찬가지다. '새'는 날아다니는 새(鳥)가 아니요, 억새의 의미다. 3관문 마루턱 넓은 터가 억새밭이란 뜻이러니, 굳이 부르려면 '초령(草嶺)'이나 '노령(蘆嶺)'으로 부르는 것이 합당한 이름이겠다. 의미가 그렇다는 이야기이지, 죽령이면 어떻고 대재로 부른들 무어 대수랴.

▼ 옛길 따라 희방사역으로 안내하는 표지판

잿마루 주막에 들러 잠시의 객고도 풀어보지 못한 채, 뒤꼍의 오뚝한 '백두대간 죽령' 빗돌에 손길 한번 쓰다듬고 안내판을 따라 옛길로 들어선다. 나무 계단을 내려서면서 울창한 수림의 그늘이 터널로 이어진다. 바튼 경사 길도 잠시 계곡을 끼고 완만히 내려가는 길이다. 물줄기가 시작될 때쯤에서부터는 유난히 으름 덩굴이 지천으로 널려 있다. 나뭇가지 틈새로 간간이 스며드는 햇볕을 쬐려 초여름 산꽃 들꽃이 부산하게 고개를 바짝 젖혀 들었다.

산뜻한 빛깔로 갓 화장을 마친 꽃잎들이 다투어 부드러운 웃음을 띠고 나더러 눈길을 달라 한다. 산등성이 너머로 뻐꾸기 소리가 들려오고 저만큼의 거리를 두고 꾀꼬리 울음이 오랜 세월 잊었던 유년의 추억으로 끌어들인다.

여느 산길처럼 오솔길이긴 하나 내려갈수록 길이 잘 다듬어져 있다. 근래 들어 영주시에서 옛길 복원을 한 덕분이다. 한 세기 전까지만 해도 죽령을 넘는 길은 이 옛길 하나뿐이었다.

그러던 것이 일제 말인 1941년 중앙선 철도가 놓이면서 그 유명한 똬리굴도 생겨나고, 1960년대에 5번 국도가 열리면서 아흔아홉 굽이마다 온갖 서러운 사연들을 새겨두기도 했다. 국도를 타고 산굽이를 휘돌아 넘나들어야 행려의 객수도 제맛이련만, 이제 고속도로를 이용하면 불과 몇 분 사이에 꿰뚫고 지나가 버리고 만다. 4.6km의 국내 최장 터널이 새로운 명물이라고는 하지만, 속도만을 지고(至高)의 가치로 추구하는 문명의 편리에 마음속 느림의 여유를 자꾸 잃어 가는 게나 아닌지.

얼마를 내려왔을까 훤칠한 낙엽송이 밀립한 주막거리 터에 이른다. 나무기둥마다 담쟁이덩굴이 휘감아 올린 곳에 무너져 내린 돌담이 어지럽게 흩어져 있다. 그 옛적 죽령 길엔 주막이 세 곳이나 있었다 한다. 희방역 근처 길목의 '무쇠다리 주막'과 골짜기 중간쯤의 '느티정 주막', 그리고 이곳 주점 거리가 그것이다.

▲ 햇빛조차 가려버린 울창한 숲길

▼ 계곡 입구를 지키는 장승 부부

죽령 너머 단양 땅 첫 마을이 용부원리이고 보면 주막을 거쳐 간 나그네들이 묵어가는 원(院)이 그곳에 있었음도 짐작하기 어렵지 않다. 나무막대 지팡이를 휘두르며 다시 걸음을 재촉하노라면 금시에 잔운대 안내판 앞에 서게 된다. 퇴계 선생이 풍기군수로 있을 때 친형인 충청감사 온계 선생을 마중하고 배웅하던 자리다.

안영협 냇가에서 나뉜 그림자
소혼교 다리에서 애끓이는데
평안히 넘으소서 험한 고갯길
명년 다시 오실 기약 잊지 마소서 〈퇴계〉

어느 덧 서산에 해는 지는데
술자리 끝났지만 다리 가에 서성거려
구름 산도 분명 내 말 들었으려니
내년에 다시 오리 기다리게나 〈온계〉

어려서부터 우애 깊던 퇴계 형제의 애끊는 정을 되뇌매, 오토바이 사고로 아직도 병상에 계신 한 분뿐인 형님을 문병하다 눈물이 어려 오는 것을 감추지 못했던 혈육의 뜨거움이 다시금 가슴을 울먹이게 한다.

▼ 발길도 뜸해진 신골 간이역 희방사역

참나리가 온 자락을 차지한 곳에 다다르면서 길목을 막아선 장승이 쉬어가라니, 여기 곧 느티정 주막거리. 예전의 모습은 흔적도 없이 사라지고 지금은 다만 풍기 명산인 사과를 길러내는 과수원으로 변해 버렸다. 에서부터 숲길은 끝나고 골짜기가 확 트이면서 널찍한 농로이다. 휘적휘적 내려오기 두 시간여. 산모롱이를 돌아서 고속도로 교각을 스치면 바로 희방사역이다. 젊은 날 소백산을 찾기 위해 밤 열차를 타고 새벽녘에 내리면 산꾼들이 득시글거리기도 했는데. 이젠 청량리와 안동을 오가는 열차가 상·하행 각기 한 번씩뿐인 산촌의 작은 간이역일 뿐이다.

왕년의 희방사역도 이미 성시가 지나가 버렸다. 세월의 뒤안길에 묻히면서 머지않아 사라져야 할 운명이나 되지 않을지, 때마침 지나는 화물열차의 기적 소리조차 아스라한 메아리처럼 느껴지며 멀리 여음으로 흩어진다.

19 안면도의 끝자락 영목항

▲ 포구로 들어서기 직전 영목항을 안내 한다

영목항은 천수만을 사이에 두고 태안반도와 안면도가 열도처럼 이어진 남쪽 맨 끝자락에서 제 이름도 크게 불러보지 못하고 조용히 숨죽이며 숨어있는 작은 어항(漁港)이다. 떠들썩하고 시끌시끌한 소문난 곳은 찾아오는 이나 맞는 이나 이제는 인정미가 예전 같지 못해 여행의 분위기를 반감시키는 것이 보통이다. 빼어난 자태를 감추고 목소리를 낮추어 조용히 숨어있는 곳을 골라 호젓이 찾아가는 것, 그것이 여행의 참맛이기도 하다.

안면도로 들어가는 길은 보통 서산, 태안을 거쳐 가는 것이 일반적이었지만, 지금은 서해안 고속도로가 뚫리면서 홍성 I.C를 빠져나가는 방법이 훨씬 편리하다. 겨울 철새의 낙원, 서산 방조제가 새로운 관광지로 떠오르면서, 길도 잘 다듬어 넓혀놓고 포장까지 끝나 시간이 훨씬 단축된 셈이다

B 방조제를 거쳐 간월도를 지나고 다시 A 방조제가 끝나면서 나지막한 언덕길을 넘어가면 왼편으로 안면대교가 보이고, 태안에서 내려오는 603번 지방도와 만나는 삼거리에 이르게 된다. 여기서 좌회전을 하여 조금 전 보이던 다리를 건너면 바로 안면도의 시작이다.

안면도야 해상국립공원의 중심부로 헤아릴 수 없을 정도의 많은 해수욕장 덕분에 세인의 귀에 유명세가 높은 곳이니, 무어 군더더기의 새로운 설명을 덧붙일 필요가 있으랴.

▼ 붐비지 않고 한적한 영목항 전경

거개의 객(客)과 꾼들이 소문난 관광지만을 둘러보고 가는 바람에 영목항은 정작 따돌림에 묻혀 저 혼자만이 종일 바다를 지키고 있을 뿐이다. 안면도의 남북 거리가 대략 30여 킬로에 이를 정도로 길게 뻗어있어 중간의 이름 있는 여러 관광지가 객꾼을 유혹하기에, 애써 영목까지 찾을 기회는 그만큼 적었다고나 해야 할까.

굳이 그곳을 찾지 않아도 안면도 어디서든 섬마을의 정취를 만날 수 있을 뿐만 아니라, 더욱이 영목까지 이르는 길은 좁고 잦은 산굽잇길 탓으로 성미 급한 이들에겐 선입견이 작용하여 구태여 그곳을 가야 할 이유가 별로 없었던 듯싶다. 그래 영목은 기억의 저편에서 아직도 한적하고 외진 곳으로 남아있다. 반도처럼 끝없이 긴 섬의 맨 끝자락에 자리하고 있다는 것이 떠돌기를 일삼는 이들에겐 아늑한 항수로 매김 하기 십상이다.

▲ 대천항과 인근 섬을 연결해 주는 여객선

안면읍을 지나고 고남면 소재지를 거쳐 길이 막히고 더 이상 앞으로 나갈 수 없을 때, '영목항' 자연석 돌비가 발길을 잡는다. 항(港)이라고 부르기엔 너무 조촐하고, 그냥 작은 포구(浦口) 정도로 생각하면 훨씬 정감이 가고 포근히 다가오는 갯마을의 서정을 느낄 수 있는 곳이다.

마을의 지형이 고개를 내려가면서부터 목(項)처럼 잘록하다 하여 '영목'이다.

옛 지명 영항(嶺項)에서 '항(項)'을 훈으로 바꾸어 '목'으로 불렀으니, 우리의 고유 지명들을 왜 이렇게 이두(吏讀)식의 국적 없는 이름으로 버려놨을까. 차라리 '고개 목'이나 '잿목'이라 하든지, 굳이 한자 쓰기를 좋아한다면 예대로 '영항'을 쓰는 것이 바른 표기요, 떳떳한 자세가 아니겠는가.

대천으로 이어지는 선착장은 한철 성시가 지난 탓에 오는 이도 가는 이도 없으니 여객 터미널을 아예 쇠고리로 잠가 놓았구나. 방파제를 집어삼킬 듯 높은 물결이 몰려오는 선착장 절벽에 서 있노라니, 차가운 해풍과 몰아치는 파도만이 나그네의 심회를 산란하게 흔들어 놓는다. 매어놓은 여객선이 출렁일 때마다 이대로 내쳐 대천으로 떠나가고 싶은 충동이 물씬 솟구침을 난들 어쩌랴.

▲ 고기를 잡은 작은 나룻배가 들어왔나 보다

바닷길을 따라 듬성듬성한 횟집이나 일반 음식점 어느 곳을 기웃거려 보아도 평일이기 때문인가 손님은 별로 띄지 않고 한산한 모습이다. 민박 쪽 팻말이 걸린 마을의 골목집들도 겨울 채비에 들어가고 있는 모양이다. 길바닥에 펼쳐놓은 그물에서나, 나무 시렁에 걸쳐놓은 해초에서 풍겨

오는 짭조름한 소금기가 갯내음의 향수를 느끼게 한다.

허위적 찾아온 끄트머리 동네이기는 하지만, 망망대해의 수평선이 하늘과 맞닿아 펼쳐지는 정경은 아니고, 멀고 가까이에 크고 작은 섬들이 점점이 흩어진 모양이 다도해 중간 어디쯤 홀로서 있는 착각을 불러일으킨다. 턱 앞의 원산도와 장고도, 삽시도, 효자도, 소도, 추도 모두가 행정구역으로 보령의 오천면 땅이라 하니, 갑자기 천수만 내해(內海)까지도 낯선 느낌으로 다가온다.

▲ 뻘이 드러난 후의 한적한 포구 정경

▼ 한가로움을 더해주는 갈매기

여행은 목적지는 있되 그 끝은 없다. 뭍이든 바다든 가면 곧 길이다. 길은 어디로든 무한대로 이어지고, 발길은 길을 따라 정처 없이 가면 되는 것이다. 나그네의 길엔 어느 누구도 막아서는 이가 없다. 바람처럼 구름처럼 방향도 필요 없이 마음 흐르는 대로 내달으면 그만이다. 영목항의 갯돌에 올라서서 한 점 돌부처나 되어 버릴까.

20 야생화의 하늘 꽃밭 곰배령

▲ 이정표, 곰배령 가는 길

백두대간의 점봉산에서 작은 점봉산을 거쳐 정남쪽으로 흘러내린 능선의 마루금. 해발 1,168m의 고지에 넓은 평원을 만들어 두었으니 이름 하여 곰배령이다. 어느 이는 곰이 누워 있는 모습에서 그 이름을 얻었다 하건만, 밋밋하고 부드럽게 완만한 언덕은 영락없이 등짝이 굽은 곰배팔이 형상이다. 곰배는 곰배팔이가 줄어든 말이다. 수천 평의 초원에 산꽃 들꽃으로 화원을 이루었으니, 이 땅의 야생화를 보려거든 가히 곰배령으로 갈 일이다.

진동계곡을 오지의 대명사로 부르던 것이 불과 몇 해 전인데 굽이굽이 돌아들던 흙길이 넓혀지고 포장길로 바뀌면서 때 없이 드나드는 발길들에 왕년의 고요와 한가는 찾아보기 어렵다. 칠십리 깊은 골짜기 진동계곡을 파고들어 쇠나드리를 거치고 설피밭을 지나 계곡의 끄트머리쯤 예전 '하늘찻집' 통나무 산장이 있던 삼거리가 곧 곰배령으로 가는 길목이다.

하늘찻집 산장은 애초부터 낡아빠진 통나무와 나무판자로 얼기설기 엮어 만든 움막집이었다. 그러나 지금은 갤러리와 카페를 겸한 현대식 거대한 건물에 '풍경 소리' 간판이 어울리지 않게 걸려 있다. 바람결에 들려오는 그윽한 풍경 소리는 오간 데 없고 골짜기 끝까지 차량과 인파의 소요로 마냥 수선스러울 뿐이다. 이 깊은 산골에서는 낡고 조촐한 통나무집 하나쯤이면 족하지 않을까 나 혼자 중얼거려 본다. 별장은 말 그대로 별채의 작고 소박한 건물이다. 주의 경관과도 어울리고 조화를 이루어야 그 의미를 더한다. 이 깊디깊은 골짜기 끝에 도회의 화려한 집이 들어와 있는 것이다.

곰배령 가는 길에는 빛바랜 흑백사진과도 같은 애련한 추억이 있다. 벌써 여러 해 전의 일이다. 늦가을 어느 날 낙엽을 떨구는 궂은비가 추적추적 내리는 오후였다. 산골의 정적을 느끼며 비포장의 자갈길로 혼자 하늘찻집을 찾아들었다. 주말이 끝나는 날의 늦은 시각이니 드문드문 찾았던 이들도 모두 돌아가고 산장은 한껏 고요와 적막 속에 빗소리만 들릴 뿐이었다. 이글이글 타오르는 장작 난로가 한기를 녹여주고 주인 할멈이 건네주는 마가목차가 온몸을 후끈하게 데워주었다.

▲ 하늘색시 내려와 놀던 강선계곡

함경도가 고향인 영감이 한국전쟁을 치르고 한적한 곳을 찾아든 곳이 바로 진동계곡 막바지. 화전을 일구며 노인 내외가 30여 년을 해로하며 살아왔는데 지난봄에 영감님이 위 수술을 받았단다. 당시 영감님은 77세. 두 살 아래 안주인 할머니는 아무래도 영감님이 해를 넘기기가 어려울 것 같다고 하셨다. 이듬해 다시 찾았을 땐 영감님은 그해 겨울을 나지 못한 채 돌아가시고, 할머니도 자식을 따라 대처로 떠나버렸다. 대신 주인 잃은 텅 빈 산장만이 고독한 산골을 홀로 지키고 있었다.

하늘찻집이 있던 삼거리에서 오른편은 단목령으로 가는 길이요, 왼편은 곰배령으로 오르는 갈림길이다. 왼편 길을 골라 망초

꽃이 흐드러지게 피어있는 묵정밭을 끼고 숲길로 들어서서 이내 계류를 따라 오른다. 초입부터 울울한 수목은 햇빛 한 줄기 들어올 틈새도 없이 말 그대로 원시림이다. 한여름 무더위에 후줄근하던 등줄기가 순간의 냉기로 청량하고 삽상하기 그지없다.

▲ 넓게 펼쳐진 곰배령 산마루의 평원

평탄 길 20분여에 잠시 개활지가 보이는가 했더니 바로 강선리 마을. 땅 이름이 하늘선녀 내려와 놀던 곳인데, 불밭 일구어 연명하던 서너 가구 신선들도 이젠 속세의 살림에 맛을 들여 길손 맞을 준비에 여념이 없다. 이곳까지도 그새 조립식 건물이 늘어나고 길가엔 산나물이며 벌꿀이며 토산물을 파는 이들이 늘어섰다.

강선리 마을이 끝나면서 개울을 건너니 물가 나뭇가지에 작은 안내판 하나. 물을 끓이는 버너와 코펠이 있고 커피 통까지 놓여 있다. 주인 없는 카페이니 누구든 커피를 마시고 요금은 알아서 놓고 가란다. 곰배령을 오르내리는 이들을 위해 이리 작은 정성을 베푸는 이 그 누구던가. 마을 주민이 신선이 아니라 커피를 준비해 놓은 이가 바로 신선마을 주인이다.

에서부터는 밋밋한 경사 길의 시작이다. 좁은 길목엔 조릿대가 무성하고 키 자란 수목 밑 그늘엔 응달 식물인 고비와 속새가 도처에 널려있다. 간혹 쓰러진 고사목이 길을 막아서기도 하고 멧돼지가 흙을 일구어 놓은 흔적이 여기저기 눈에 띄기도 한다.

▼ 산꽃 들꽃이 만발한 천상의 화원

한 시간 반에 이르는 수림의 긴 터널이 끝나면서 갑자기 하늘이 훤하게 열리더니 광활하게 펼쳐진 초원이 언덕으로 드러난다. 여기가 곧 야생화의 하늘꽃밭 곰배령이다. 나무 한 그루 없이 발목에나 찰 정도의 산꽃 들꽃이 수천 평, 아니 수만 평의 평전으로 시야에 전개된다. 둥근이질풀, 당귀, 마타리 등의 여름 꽃이 지천으로 널려 고개 아래서 불어오는 미풍에 산들거린다. 탁 트인 공간 위에 하늘에서 꽃더미가 쏟아져 내린 듯한 군락을 이룬 야생화의 떨기들. 낯익은 이름은 두어 가지뿐이요. 이름도 모를 온갖 기화요초들이 산등성을 송두리째 덮어버렸다. 오솔길이 묻힐 정도로 천지가 온통 산꽃과 들꽃의 세상이다. 곰배령은 1,100m를 넘는 높이지만 그렇게 웅장하거나 화려하지 않은 게 매력이다. 그저 소박하고 수더분한 산골 아낙의 그런 모습이어서 더욱 포근하고 정겹게 느껴진다.

혹시나 속인의 발자국에 꽃잎 하나 다칠세라 조심조심 발을 옮겨보지만, 하늘 꽃밭에 올랐다는 감흥을 주체할 수 없음인가 많은 이들이 새끼줄을 넘어 들어가 사진 찍기에 여념이 없다. 해병복장에다 깃발을 메고 송아지만 한 도사견까지 데리고 올라온 저 중로(中老)의 사나이. 개와 함께 꽃밭을 이리저리 헤집고 다니는 만용이 기세당당 베트콩을 섬멸하던 그 모습이던가.

곰배령은 이곳 인제의 구룡덕봉, 태백의 금대봉과 더불어 국내 최대의 야생화 군락지의 하나다. 점봉산을 비롯한 곰배령 일대는

▲ 계곡에도 산마루에도 지천인 마타리꽃

식물자원의 보고다. 1982년 설악산이 유네스코 생물권 보존지역으로 지정되면서 곰배령도 함께 포함되어 산나물 채취조차 금지된 보호 지역이다. 산림청에서도 곰배령 일대를 천연림 보호구역으로 설정해 출입을 통제하고 있어 야생화 탐승을 위해서는 사전에 입산 허가를 받아야 함은 물론이다.

탐방객이 몰려드니 길도 점점 넓어지고 야생화 초원도 황폐화가 빨라질 것임이 틀림없다.

자연이 좋아 자연을 찾는 이들이 자연심을 잃어가니 허가가 아니라 이젠 완전 통제로 바꾸어야 할 것도 같다.

고갯마루에는 나무 장승 한 쌍이 비바람을 버티어 서 있고 그 가운데 이정표가 사방의 거리를 일러주며 길목을 지키고 있다.

▼ 곰배령을 지키고 있는 목장승

동쪽은 진동과 강선리요, 서쪽은 귀둔이며 북쪽으로는 점봉산과 연결된다. 그 옛날 진동리의 설피밭 약초꾼들이 내왕하던 길이요, 귀둔마을의 심마니들이 산타령을 부르며 곰배령과 단목령을 넘어 오색으로 양양으로 넘나들던 지름길이다.

누천년 역사에 우리 땅 어느 곳 하나 소중하고 정겹지 않은 곳이 있으랴만, 곰배령 역시 민초들의 애환과 숨결이 깃든 곳으로 하늘이 우리에게 베풀어준 대자연의 축복이어니.

3

21 산간오지의 대명사 진동계곡

▲ 진동계곡 육십 리 골자기가 깊기도 하다

궁벽한 산골 오지를 파고들어 며칠간이나마 문명을 등지고 원시의 자연으로 돌아가고자 하는 본능은 누구에게나 공통된 상정(常情)이 아닐까. 세속에 얽매어 물질의 편리만을 탐닉하는 삶이 마치 인간이 누리는 축복의 전부인 듯 법석대지만, 때로는 주위의 모든 것으로부터 철저하게 잊히고 싶을 때가 있다. 어쩌면 자신의 존재조차 던져버리고 무념(無念)의 상태로 아예 돌부처가 되어 굳어 버리거나, 한 마리 산짐승으로 살아가고 싶은 간절함이 있기도 하다.

가을이 깊어지면 단풍의 유혹을 주체하지 못해 몸살 기운을 안은 채로 낭산(浪山)의 역마는 산길 따라 고개를 넘고 산골로, 산골로 들어간다. 단풍이야 설악산 능선을 헤매거나 주전골 계곡을 찾는 것이 여느 사람들의 가을 행락이지만, 사람의 물결에 밀려 다니기보다는 나만의 호젓한 행려병을 채우기엔 외지고 궁벽한 곳이 한결 안성맞춤이다. 지도를 펴놓고 산세를 살펴보거나 도로가 아직 제대로 나 있지 않아 비교적 찾는 이들이 적을 만한 곳을 뒤져보며 때 묻지 않은 청정의 자연을 나름대로 찾아보곤 한다. 평소에 팔방을 돌아다니다가 마음에 찍어두었던 곳을 계절에 맞추어 다시 가보는 것도 또 하나의 방법이 될 수 있다.

▼ 바람불이 억새밭도 가을이 깊어졌다

정감록에서는 강원도 인제의 후미진 일곱 곳을 들어 '3둔 4가리'라 이름하여 최고의 피난처로 꼽았는데, 지금껏 오지(奧地)의 대명사로 불린다. '둔(屯)'이라 함은 유심한 골짜기로 이어지는 깊은 곳에 사람 몇이 숨어 살만한 작은 은둔처를 가리키고, '가리(갈이:耕)'는 화전을 일구어 한나절 밭갈이 정도의 넓이로 난세를 피해 터붙이로 살아갈 만한 곳이라는 뜻이다. 3둔은 살둔(생둔)과 달둔(월둔), 귀둔을 세 곳을 지칭하고, 4가리는 아침가리(조경동), 연가리, 적가리, 명지가리를 말한다.

점봉산, 구룡덕봉, 방태산 등, 크고 작은 산들의 안과 밖으로 사방에 위치하고 있어, 일곱 곳을 둘러보기 위해서는 몇 차례의 발길이 계속 이어져야 하지만, 3둔 4가리의 핵심은 아무래도 조경동과 진동계곡이다. 작년 여름 발자국을 더듬어 이 가을에도 홀로 배낭을 챙겨, 산 찾아 길 따라 훌쩍 진동계곡으로 떠 흐른다.

내린천을 스치고 현리를 들어서니 산봉우리엔 구름 안개가 감돌고 추적추적 내리는 늦가을 스산한 가랑비에 발뒤축이 흠씬 젖어온다. 세상을 멀찍이 외면하고 산골 나그네가 되어 산타령이나 실컷 부르면 되었지, 이쯤의 빗줄기야 어디 한두 번이었더냐. 다만 청명한 가을 햇빛에 제 빛깔을 드러내지 못하고 축축이 젖은 채로 떨고 선 색색의 단풍이 아쉽다고나 할까.

▼ 계곡엔 물빛도 단풍도 계절이 늦었고나

허위허위 육십 리 골짜기를 거슬러 방동약수를 거치고, 갈터마을에 이르면 포장도로가 끝나면서 자갈길이 시작되고 갑자기 바위 절벽이 병목으로 좁아지는 양편 협곡은 그야말로 만산홍엽의 황홀경이 눈길을 사로잡는다. 길 왼편 풀 더미에 묻혀있는 해묵은 장승 한 쌍은 최근에 볼거리로 세워둔 것이 아니라, 마을에서 오랫동안 수호신으로 정성껏 모셔온 것임을 알 수 있다.

좁다란 골짜기를 빠져나가면 만여 평의 억새가 펼쳐진 곳이 바람불이. 산 위에서 불어내려 오는 바람에 하얀 억새꽃이 은빛의 평원을 이루고 있다. 다리를 건너 방대천을 왼쪽으로 끼고 몇백 보를 오르면 섶다리가 놓여 있어 전형적인 산간 마을의 모습을 보여주고 있다. 이어서 오른편으로 조침령을 넘어 서림으로 갈리는 삼거리가 쇠나드리. 하도 바람이 세어 소도 날아갈 정도라 해서 붙여진 이름이니, 산골바람이 어디 여기만 드셀 뿐이겠는가.

이곳의 지명들이 하나같이 우리 고유의 토속적 이름들을 유지하고 있는 것이 그저 반갑고 고맙기 그지없다. 내 어릴 때만 해도 시골의 지명들이 대다수 고유어로 불렸는데, 관리들의 유식함이 도리어 무식을 드러내고 우리 정신까지 어쭙잖은 얼치기로 바꾸어 놓고 말았고나.

쇠나드리를 지나면 설피밭(눈이 한 길 정도로 쌓이다 해서 붙여진 이름이다) 몇 가구가 모여 살고 요즘 한창 새집도 들어선다. 나무로 지어 만든 원형 모습의 '설피산장'도 있어 드물게나마 산을 찾는 객들의 쉼터가 되고 있다. 설피밭이야 아름다운 이름만 기억하면 그뿐이겠고, 발길을 재촉하여 진동계곡의 끝자락 '하늘찻집'으로 향한다.

▲ 쇠나드리에서 조침령을 넘어 양양으로 간다

하늘찻집은 야생화로 유명한 곰배령으로 갈라지는 길목 바로 위에 있다. 찻집 앞을 계속 올라가면 단목령을 넘어 오색으로 빠지는 지름길로 연결된다. 곰배령에서 점봉산을 거쳐 단목령으로 돌아오면 하루 등산로로 아주 적격이다. 곰배령의 야생화 능선은 늦여름 초가을 한 철엔 몰려오는 인파로 야생화가 몸살을 앓고 있다. 개인적으로 소수의 인원이 거쳐 간다면 별로 문제 될 것이 없겠으나, 휴일이면 관광버스가 몇 대씩 몰려온다니 야생화가 짓밟히고 생태계가 파괴될 운명이 오래지 않아 다가올 것이라는 예감을 지울 수가 없다.

애초부터 나의 기행은 하늘찻집을 찾기 위함이었다. 25킬로 진동계곡의 맨 끝자락, 해발 700미터의 고원 산간 지대로 하늘 아래 첫 집 외딴집이 바로 '하늘찻집'이다. 주인 최정식 씨가 27년간을 처음 지은 모습 그대로 지켜왔으니, 건물의 모습은 짐작하고도 남음이 있겠다. 낡아빠진 통나무와 나무판자로 얼기설기 엮어 만든 전형적인 산간마을 가옥으로, 까마득히 잊었던 고향에의 향수를 물씬 느낄 수 있는 어린 시절의 토방집과 같은 곳이다.

나무판자로 된 천장이며 벽마다엔 이곳을 찾았던 이들의 이름과 글귀가 빈틈없이 도배를 해 놓았다. 10월인데도 찻집 난로엔 장작불이 활활 타오르고, 인적 없는 난롯가엔 늙은 주인 내외와 산길 나그네 셋뿐이다. 빗속에 혼자 찾아온 나그네가 반갑다며 끓고 있던 당귀차를 권하는 인정에 눈시울이 뜨거워진다.

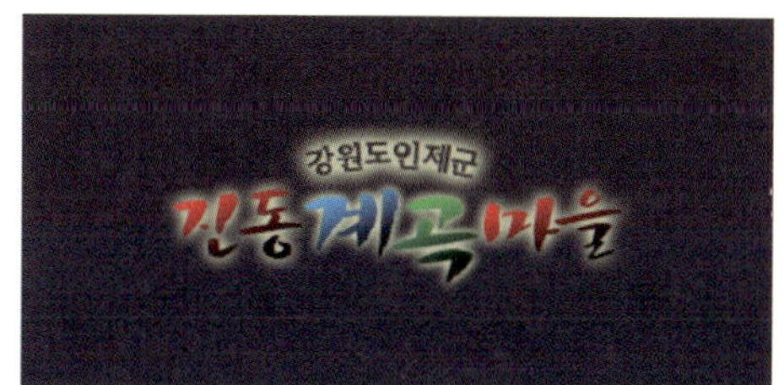

▲ 진동계곡 홍보를 위한 전단 글귀

▼ 하늘찻집은 주인이 바뀌면서 새 건물로 단장되었다

함경도 강계가 고향으로 단신 월남해 곳곳을 전전하다가, 중년에 화전민으로 들어왔다는 주인 영감은 한 많은 세월을 삭이려 힘겨운 한숨을 몇 차례씩 몰아쉰다.

"자식들 객지에서 넉넉지 못한데, 내 죽걸랑 즈덜 어미나 데려갔으면……."

"나도 이제 다 늙었는데, 영감님이 있어야 여기서 살지."

안주인의 목소리는 아직도 카랑하고 통랑하게 들린다만, 올봄에 수술을 받아 수척한 영감은 병색이 완연했다. 작년 여름에 뵐 때만 해도 죽을 때까지 이곳에서 내외가 산이나 지키겠다고 하더니, 건강과 함께 마음조차도 쇠약해 있었다.

"죽으면 난 여기서 산신령이나 될거여!"

"영감님 돌아가시기 전, 올겨울에 눈이 푹 쌓이면 다시 올게요."

후줄근한 빗속에 오후 시간이 늦어지매 발길을 돌려야 했다. 전에 보다 못한 단풍이라고는 하지만 찻집 영감의 일생도 이 가을 황홀한 단풍으로 서서히 저물어 가고 있는 것이다.

22 금강송 수난의 현장 고선계곡

▲ 숲의 터널로 이어지는 푹신한 흙길

산간오지를 즐겨 찾는 이들은 흔히들 전라도엔 '무진장'이 있고 경상도엔 'BYC'가 있다고 농 삼아 들먹이는데, 둘 다 그 지역의 산간오지를 가리키는 대명사로 일컬어지는 용어들이다. '무진장'은 전북 지방의 무주, 진안, 장수를 가리킴이요, 'BYC'는 경북의 산간지역인 봉화, 영양, 청송을 일컫는 세속의 우스갯소리다.

산골 나그네로 떠도는 이들에겐 '무진장'과 'BYC'라는 호칭이 언제나 심향(心鄕)처럼 친근한 정서로 다가오게 마련이다. 그래 발길 또한 이들 지역을 향해 자주 떠날 수밖에 없다.

사람의 흔적이 드물고 문명의 그림자가 덜 미친 곳을 찾아 나선 곳이 봉화 소천면의 고선계곡. 소천을 벗어나 태백으로 산협 길을 돌아서자마자 마을비의 안내를 받고 왼쪽 골짜기로 접어든다. 고선계곡은 태백산 아래 깃대배기봉을 정점으로 동남향에 걸쳐 이어진 골짜기로 동(東)엔 청옥산, 서(西)엔 각화산의 험준한 봉우리를 끼고 있다. 골이 깊은 만큼 들수록 유심하고 사시사철 수량이 넉넉함은 물론이다. 대충 100리에 걸친 긴 골짜기인 데다 원시림 정도의 울창한 숲이 잘 보존되어 있어 계류의 맑기는 거울보다도 투명하다. 계곡을 흐르는 물은 온통 초록과 파랑의 어울림이다.

▼ 청정옥류로 흘러내리는 물빛은 초록과 파랑의 어울림이다

들머리 초입부터 숲 속으로 이어지는 좁다란 흙길이 폭신한 감촉으로 정감 있게 느껴진다. 산자락에 듬성듬성 눈에 띄는 촌가의 풍경까지도 정겹게 다가서며 마음을 한껏 포근하게 감싸준다. 지도에는 계곡을 거슬러 차례대로 잔대미, 중리, 소현, 마방, 노루목, 큰터, 간기, 도화동, 장바위 등, 아홉 개의 마을 이름이 남아 있다. 그러나 소현마을부터는 고작 한두 집의 민가가 있을 뿐이고 그나마 큰터와 간기 마을의 한 가구씩이 인가의 마지막이다.

첩첩한 두메산골의 계곡은 곳곳이 맑은 소(沼)와 담(潭)의 연속이다. 바닥이 훤히 들여다보이지만, 물의 깊이는 웬만하면 한 길이 훨씬 넘는 말 그대로의 명경지수다. 물고기의 신선으로 불리는 열목어와 산천어는 물론, 꺽지, 산메기, 퉁사리 등의 상급수 어류들이 서식하고 있다. 시리도록 맑은 물에 뛰어들어 물장구도 치고 손으로 물고기도 움켜내고 싶은 충동이 퍼뜩 치밀어 오른다. 그러나 천만의 생각, 이곳은 원시의 자연이 잘 보존되고 있는 생태계 보호지역이다. 손을 씻는 정도야 괜찮겠지만, 물에 몸을 담그는 것도 허락하지 않는다.

아홉 마리의 말을 기둥 하나에 매어두었다는 구마일주(九馬一柱)의 명당 이야기가 전해 오는 마방(馬房)을 지나고 노루목에 이르면 예전에 벌써 문을 닫아버린 고선분교 낡은 잔해가 남아 있다. 교실 두 칸이 전부였던 산촌 분교. 산자락에 불을 질러 뙈기밭으로 연명하던 화전민이 모여 살 때는 본교로서 계곡 끝 동네 도화동에 분교까지 두었다는데, 이 모두 아득한 옛이야기일 뿐이다.

화전민들이 하나둘 늘어나면서 마을을 이루고, 마을이 생기면

학교가 들어서는 게 순리였다. 그래 산골 학교는 문을 열 때부터 교실 두어 개 또는 서너 개로 시작했는데 요즘은 교육 행정도 경제논리에 의해 이루어지고 있다. 산업화의 물결이 밀려오면서 산골 오지를 지키던 젊은이들이 모두 대처로 떠나버리니 산촌 어느 곳이고 아이들 웃음소리가 그친 지 오래다.

▲ 일제의 금강송 벌목 내용을 일러주는 기념비

학교는 주민들의 정신적 구심체로 지역사회의 중심지 역할도 한다. 학생 숫자가 적다고 문을 닫아버리면 그나마 남은 아이들도 주민들도 어쩔 수 없이 마을을 등지고 타지로 나갈 수밖에 없다. 오도 가도 못할 형편의 나이 지긋한 이들만 남아있으니 그들마저 가고 나면 여기도 무인지경이 될 것은 불을 보듯 뻔한 이치가 아닌가. 학생도 적고 선생님들도 적은 소규모 학교가 외려 아이들 정서 교육을 위해 더 바람직할 법도 한데 말이다.

혼자만의 부질없는 생각을 하며 다시 큰 터를 스치고 간기 마을 터에 이르니 일반 차량의 통행불가구역이란다. 고선계곡 중간을 조금 넘어선 위치로 그 위로는 금강송 보호지역이다. 에서부터는 바위 사이로 포말을 일으키며 흘러내리는 청류를 거슬러 산타령 유장한 가락을 읊조리며 터덜터덜 임도를 걸어 오른다.

물가에 여기저기 무리를 지어 하얗게 피어있는 가을 풀꽃들. 세속을 멀찌감치 떠나왔기에 자태가 저리도 곱고 소박한 것인가, 이른 새벽이면 남모르게 청옥보다도 정(淨)한 맑은 물에 머리 풀어 헹구기에 저리도 품격이 고결한 것이런가.

한 시간쯤 걸었을까, 잠시 골짜기가 트인 곳에 통나무 건물 두어 개. 고선계곡의 명품 금강송 자연 숲을 관리하는 사무소다. 금강송은 그 이름이 육송, 적송, 황장목, 춘양목 등으로 다양하게 불린다. 가장 많이 불리는 명칭은 나무의 껍질이 황토 적갈색을 띤다 해서 적송(赤松). 우리 땅에서 자라는 고유의 수목으로 나무로는 가장 소중하게 아끼고 후한 대접을 받는 나무 중의 귀공자로

▲ 금강송

▼ 금강송 관리사무소

▲ 마당 입구에 지어놓은 서낭당

일컬어진다. 거북등처럼 갈라지는 나무껍질, 수직으로 곧게 뻗어 30여 미터에 이르는 훤칠한 키, 수령이 몇백 년에 달해 풍상을 인고하며 세월을 지켜내는 기품과 연륜, 재질 또한 좋아 최고의 목재로 인정받는 점 등이 바로 그렇다.

우리에겐 가장 소중하고 경제성이 높은 수종(樹種)이었는데 일제가 식민통치를 하며 천연의 자원까지 수탈해 간 탓에 국토 곳곳의 금강소나무들이 무참히 도벌되는 수난을 겪었다.

금강송을 베어내던 일을 주관하던 '조선임업개발주식회사'의 주재소 자리엔 당시 금강송들이 겪어야 했던 눈물 어린 사연을 오석의 빗돌에 새겨 2007년 7월에 세워두었다. 울진 소광리와 함께 이곳 고선계곡도 정부의 지원으로 기존의 숲 가꾸기와 묘목을 다시 심어 금강송을 보호하고 있으니 국토를 살리는 모습이야말로 그 얼마나 다행이고 고마운 일이랴.

큰 터 마을 외딴집에 살고 있는 안세기 노인은 당시 벌목공으로 일하며 금강송들이 당했던 수난의 역사를 일러주는 산 증인이다. 열두 살에 아버지를 따라 들어와 70년을 넘게 여기서 살아왔다. 비결(秘訣)에 대해 관심을 두고 공부하던 그의 부친이 정감록을 보고 삼재불입지처(三災不入之處)를 찾아 이곳에 터를 잡았다 했다. 일제가 이곳 금강송을 베어낼 때 직접 나무를 자르고 운반하는 일로 생업으로 삼았다 하니, 안(安) 노인이야말로 고선계곡 금강송 수난을 지켜본 역사의 증인이다. 연세 90이라 하나 믿기지 않을 정도의 건강하고 정정한 모습으로 아직껏 부인과 해로하며 고선계곡을 지키고 있다.

23 동화마을로 부활한 모운동

▲ 모운동 마을 안내도

태백 지역을 중심으로 정선, 영월, 삼척은 이 땅의 대표적 탄광 지대다. 고을 어디를 가나 흙 한 줌만 걷어내면 검은 노다지가 펑펑 쏟아지던 시절이 있었다. 지금이야 대부분의 난방시설이 석유와 전기로 바뀌었지만, 가난하고 어려웠던 지난날 연탄은 우리 삶에서 에너지의 근간이었다. 배는 곯을지언정 불을 때지 않고 살아갈 방법은 없다. 아랫목 방구들을 따뜻하게 데워줄 연탄불이야말로 모든 사람의 난방 수단이었다.

1980년대 말, 석탄 산업 합리화 정책으로 각지의 광산들이 하나둘씩 문을 닫으면서 성시의 영화를 먼 추억 속으로 묻어버린 곳이 어디 한두 곳뿐이랴. 황지, 장성, 도계, 사북, 고한 등등, 그 이름만 들어도 금방 떠오르는 이미지는 한 마디로 석탄이다. 초등학생들이 그림을 그려도 개울물을 검은색으로 칠한다는 탄광지대였다.

영월의 모운동 역시 저무는 하늘 한 점 구름으로 태고의 적막 속에 다시 묻혀버린 이른바 폐광촌 마을이다. 강원도 영월군 김삿갓면 주문2리 모운동 마을. 해발 1,088m 망경대산 8부 능선쯤에 들어선 산 첩첩, 물 겹겹의 오지 마을이다. 그야말로 세속으로부터 단절된 두메산골.

영월읍에서 남한강 물줄기를 따라 고씨동굴을 거쳐 경상도 봉화로 빠지는 88번 국도를 타고 옥동천을 거슬러 오르다 보면 와석리 김삿갓 계곡 입구. 삿갓 시인의 안내판 직전에서 왼편으로 주실다리를 건너 급경사의 오솔길 4km 정도를 숨 가쁘게 오르다 보면 산 중턱 자그마한 평원지대에 마을 하나가 나타난다. 마을이 있으리라고는 감히 상상도 못 할 산허리쯤에 그렇게 큰 동네가 있을 줄이야.

▶ 형형색색의 화초로 가득한 마을 풍경

흔히들 '하늘 아래 1번지'라 하더라만, '구름 위 하늘 동네'라는 표현이 더 어울릴 듯싶다. 마을 위치가 해발 700m이니 모운동(募雲洞) 이름 그대로 구름이 모여들어 머무는 곳이다. 석탄을 무한정 캐내던 호시절엔 이 산중에 1만여 명의 주민이 북적거렸고 한다. 이발소, 목욕탕, 양장점도 있었고 큰 상점에다 다방과 당구장, 요정, 극장까지 있었다. 물론 학교도 있었다. 그 이름도 귀에 익은 별표 연탄이 생산되던 곳이 여기 옥동광산이었다니 가히 짐작이 갈 만하다.

석탄 산업이 한창 흥청거릴 때는 광산 지역의 아이들은 수표를 접어 딱지치기를 하고, 심지어는 강아지들까지도 만 원짜리 지폐를 물고 다녔다는 과장된 우스갯소리도 흔히 듣던 이야기다. 유랑극단이 영월읍은 안 들러도 모운동만은 빠짐없이 찾았단다. 웬만한 도시 부럽지 않은 곳이었다고 마을 노인 한분이 자랑을 한다.

그러던 것이 1989년 옥동광산이 문을 닫으면서 대부분의 사람들이 살 곳을 찾아 이리저리 떠나갔다. 빠져나가는 썰물과 함께 마을도 스러져 가고 지금은 고작 20여 가구에 50여 명만이 달랑 남아 산골 마을을 지키고 있다. 진폐증이나 노환으로 짐을 꾸리지 못한 이들의 한숨만이 산골 아라리 가락으로 흩날리고, 세월의 변화와 함께 그 옛날의 번성했던 영화는 일장춘몽이 되고 만 것이다. 폐광촌으로 전락한 지 20여 년 동안 마을은 날로 쓸쓸해져 갔다. 마을을 가득 채웠던 광부 사택들도 대부분 헐려 나가고 모든 시설물들이 하나둘씩 문을 닫아 버렸다.

▲ 벽화와 꽃밭으로 꾸며진 동화(童話) 속의 나라

광산촌 아이들의 떠들썩한 함성으로 붐비던 초등학교까지 문패를 내리면서 모운동은 다시 태고의 정적 속으로 잠겨가고 있었다.

날로 쇠락해가는 마을을 살려보고자 이장 부부가 마을 가꾸기에 나선 것이다. 주민들을 설득시키고 낡은 건물이지만 담장과 건물 벽에 페인트를 다시 칠하고 동화 속의 그림을 그려 넣기 시작했다. 어린이집 교사 경험이 있던 부인이 밑그림을 그리고 색깔 이름을 적어놓으면 마을 사람들이 붓을 들고 색칠을 해 나갔다.

개미와 베짱이, 백설공주와 일곱 난장이, 미운 오리 새끼, 토끼와 거북이 등, 눈에 익은 친근한 캐릭터들로 벽면을 채워나갔다. 쓰레기로 몸살을 앓던 골목길도 말끔히 청소하고 형형색색의 갖가지 꽃을 심고 예쁘게 가꾸어 나갔다. 백일홍, 종이꽃을 심고 코스모스와 해바라기도 심었다. 계절 따라 다양한 꽃망울이 터지도록 여러 가지 꽃씨를 뿌렸다. 건물도 새로 짓지는 못하지만 낡고 추레했던 것을 손질했다. 온 동네가 그야말로 하루가 다르게 꽃 대궐 차린 동네로 그 모습이 변해가는 것이었다.

▲ 예쁜 우체통과 '나무꾼과 선녀' 이야기 그림

주민들은 금시에 생기가 돌고 입가에 미소가 번지며 마을엔 활기가 넘쳐흘렀다. 마을 대표들이 영월군청을 찾아가 마을 가꾸기 계획을 설명하며 재정 지원까지 얻어냈다. 마을 회관 1층엔 공동구판장을 열어 마을기금을 마련하고, 2층엔 산골 사람들의 생활을 엿볼 수 있는 민구류와 탄광에서 사용하던 각종 도구들을 모아 생활사 박물관도 꾸며 놓았다.

그뿐만 아니라 구세군 시설도 끌어들이고, 폐교되었던 초등학교 자리엔 마을을 찾아오는 이들이 묵어갈 수 있는 펜션 숙박시설을 마련했다. 석탄을 실어 나르던 운탄로 산협 길과 모운동의 그랜드 캐니언 계곡을 황홀한 트레킹 코스로 바꾸는 계획도 이미 준비되어 있다.

대처로 떠나간 이들에게 연락하여 고향 사랑 운동에 호응해 줄 것을 부탁하고 고향 방문 행사도 열었다. 내 손으로 고향 마을을 가꾸겠다는 의지로 온 주민들이 하나가 되면서 짙은 구름 속에 잠들었던 마을이 짧은 시간에 깨어나기 시작했다. 이른바 제2의 새마을 운동의 불꽃이 점점 화염을 더하며 타오르자, 마을 소식이 입소문으로 번지면서 급기야 언론에까지 몇 차례 보도되었다.

▲ 광부들이 사용하던 장비를 모아둔 마을 박물관

▼ 모운동 뒷산 김재에서 바라본 중첩한 산줄기

그러더니 2008년 행자부가 선정한 '잘 살기 좋은 마을 가꾸기'에서 대상 수상 8마을에 들어가는 기적을 보였다. 모운동 소식이 매스컴을 타면서 사라져가던 마을 이름이 세인들의 귀에 익숙해지고 찾는 발길들이 하나둘씩 늘게 되었다. 마을 구경을 하고자 찾는 발길은 나날이 늘어가고, 더욱이 이곳에 터를 잡고 눌러 살겠다는 이도 짐을 싸 들고 찾아왔다.

이제 모운동은 그 이름처럼 구름도 모여들고 사람들도 늘어난다. 떠나는 마을이 아니고 돌아오는 마을, 정을 붙이고 끌어안아 살을 맞대고 싶은 마을이다. 일본 후쿠시마현의 탄광촌 이와키시가 온천 휴양지로 바뀌고, 태백시가 고원 관광도시로 탈바꿈했듯이 모운동은 요정들이 모여 사는 동화의 마을로 새롭게 태어난다. 검은 노다지의 꿈이 황금 노다지로 현실화하고 있는 것이다. 예밀리로 넘어가는 김재 고갯길에서 겹겹의 연산들을 바라보며 저문 하늘의 구름을 손짓해 모운동으로 몰려오라고 나직나직 불러본다.

24 역사의 뒤안길 우이령

▲ 우이령 잿마루 이정표

북한산과 도봉산을 남북으로 가르는 분기점이요, 동서로는 경기도 양주시 송추와 서울의 도봉구 우이동을 구분하는 경계점이 바로 우이령(牛耳嶺) 소귀재다.

1968년 1·21사태 이후 민간인 출입이 철저히 통제되었다가 41년 만인 2009년 7월 10일 일반인에게 처음으로 개방되었다. 강산이 뒤바뀌기 네 번, 반세기에 가까운 오랜 세월을 기억의 저편에 묻어두어야 했던 역사의 뒤안길이 곧 우이령이다. 다음 달부터는 예약 신청을 받아 하루 일정 숫자의 인원만을 통행시킨다니 고단한 분단 조국의 실상을 그대로 느낄 수 있는 역사의 상징물인 것을, 어찌 뒷날로 미루고 여유를 부릴 수 있겠는가.

남의 발길보다 늦게 뒤따라 갈 수는 없어 닫혔던 문을 열어젖힌 다음날로 서둘러 출발점인 우이동 종점을 향해 길을 나섰다.

▲ 수림이 온통 길을 덮어 터널을 이루었다

1·21사태란 1968년 1월 21일, 북한의 124군 특수부대원 30여 명이 청와대를 습격하기 위해 침투했던 냉전 시대의 대표적인 북한군 침투 사건이다. 휴전선을 넘어 송추에서 우이령을 통과하고

북한산 8부 능선을 지나 세검정까지 들어왔던 무장공비는 경찰과의 치열한 교전 끝에 모조리 사살되고 김신조 한 사람만이 생포되며 마무리된 역사적 사건이다.

그 당시 김신조를 비롯한 무장공비들이 들어온 길이라 해서 '김신조 루트' 생포된 후 이데올로기의 전향으로 오히려 우리로부터 환대받았던 그는 경향 각지를 돌며 반공 강연을 하면서 일약 저명인사가 되어 버렸다. 대학 시절 그의 이야기를 직접 들어본 기억이 있기에 우이령을 찾는 감회가 사뭇 착잡하고 수선스럽기 그지없다.

그 시절의 소용돌이가 어디 1·21사태뿐이겠는가. 울진, 삼척 해안에 120여 명의 대규모 무장공비 침투사건이며 미국의 정찰기와 푸에블로호 정보함 납치 등, 일촉즉발의 위기와 긴장으로 인한 양측의 대결은 민족의 역사를 저만큼 멀리멀리 거꾸로 되돌리고 말았다.

▲ 고개 전구간이 푹신한 흙길이라 맨발 걷기에도 좋다

우이령은 1965년 미군 공병대에 의해 작전도로로 개설되었다가 불과 4년여 만에 양쪽 길목이 막히고 고개 좌우 6.8km의 구역이 완전 통제되어 분단의 세월만큼이나 오랜 시간을 망각 속에 파묻혀 세인의 발길이 닿을 수 없던 곳이었느니, 서울의 진산 북한산을 오르고 다시 도봉산으로 건너뛸 때도 소귀재 능선을 따라 이어가질 못하고 에둘러 내려섰다 다시 올라야만 했다.

내 나라 내 땅의 한복판인데, 그것도 수도 서울을 넘나드는 지름길인 것을!

식전 댓바람에 한참이면 돌아올 수 있는 집 뒤의 오솔길을 어이 이리도 긴긴날 동안 걸어볼 수가 없었다는 말인가. 여기에 또 하나 금단의 지역, 오고 갈 수 없는 분단의 벽이 있었고나. 지리한 장마도 잠시 멎고 해와 구름이 섞여 놀며 바람조차 산들한 숲길은 초입부터 울창한 수림의 터널길로 이어진다. 하긴 반세기에 이르는 세월을 인적마저 끊이고 고요했으리니 이 같은 적막강산이 근교에 남아있는 것만도 한편으로는 고맙고 다행한 일이다. 덕분에 자연 훼손이 거의 없고 생태계 보전 상태 또한 훌륭하다 하니 잃는 게 있으면 그에 반해 얻는 것도 있다는 평범한 진리를 느끼게 한다.

▼ 무거운 역사를 대변하는 분단과 대치의 상징물

▲ 길섶에도 다래덩굴이 무성하다

심산유곡에서나 볼 수 있는 다래를 서울 땅에서 보다니, 그것도 흐드러지게 달려 있는 모습에 반가움이 앞선다. 개방을 앞두고 우이령 고갯길을 확장하고 도로포장까지 하여 송추와 우이동을 잇는 교통의 요로로 삼으려는 행정 당국의 계획이 있었으나 환경 단체의 적극적 반대로 개발 대신 생태계 탐험로로 지정하여 정비해 두었다. 양주시 주민에게는 커다란 희망이고 기대치이기는 하나 우리 편리만을 앞세운 개발이 얼마나 자연과 환경을 황폐화시켰던 일이 많은가.

▲ 도봉산의 대표적인 영봉 오봉(五峰)

소귓재 마루에 아직도 대전차 장애물이 남북 대치의 상징물로 그대로 남아 있다. 길 양편에 육중한 콘크리트 장벽을 만들고 그 위에 구조물 올려놓았다가 적의 탱크가 진격해 올 때 구조물을 내려뜨리고 장벽을 파괴하여 탱크의 남하를 저지하기 위한 일종의 대전차 장애물이다. 서울 이북의 지역 곳곳에 이 같은 장애물이 즐비했던 것을 주민들에게 통행의 불편을 덜어주기 위해 많이 철거했지만, 전방 지역에 아직 그대로 남겨둔 것이 적지 않게 보인다.

고갯마루 이정표에도 지도에도 소귀고개라 적어놓았더라만, 아무래도 발음이 어색하고 한자어를 억지로 직역해 옮겨놓은 것 같아 어감이 영 어울리지 않은 느낌이다. 네 글자의 지명이 더러 있기는 하나 받침 없는 소리가 길게 이어지면 발음구조가 매끄럽지 못하고 인위적이고 의도적 발음이 되어 자연스러운 소리가 이루어지지 못한다.

25 숨어서 피는 미천골의 단풍

▲ 미천골 초입의 선림원터

때 없이 어디고 떠돌아다니면서도 가을이 깊어지고 산자락 밑까지 단풍이 내려오면 또 깊은 속앓이를 치러야 한다. 어느 먼 곳에 두고 온 사람을 그리워하듯 무언가에 홀린 마음은 배낭 하나 걸머메고 산으로 골짜기로 훠어이훠어이 내달린다. 해마다 이맘때면 내린천을 휘둘러 구룡령을 넘어야 하고 미천골로 진동계곡으로, 다시 두로령 비포장 산협 길로 오대산까지 산골길을 한 바퀴 돌아와야 했다.

구룡령 험한 굽잇길을 내려서면 오른편으로 이내 발길이 닿는 곳.

백두대간의 응복산에서 동북으로 뻗어내린 능선이 양양으로 내리면서 좌우로 제각각의 골짜기를 이루었으니, 동쪽은 법수치요, 서쪽이 미천골이다. 미천골은 깊은 곳에 숨어서 오랫동안 제 이름을 드러내길 싫어했다. 그러던 것이 휴양림이 들어서고 산골로 떠돌기를 좋아하는 이들이 늘어나면서 입소문을 따라 띄엄띄엄 찾는 발길도 차츰 늘어나는 것이다.

계곡 초입의 선림원터 빈 뜰에 서면 미천골 이름의 연유가 들려온다. 산사태로 가람의 흔적들이야 묻힌 지 오랜 세월이지만, 성시 때는 쌀 씻은 물이 개울을 덮을 정도라 하여 미천(米川)이라 불렀단다.

그만하던 절이 단지 삼층 돌탑 하나와 부러진 부도뿐이라니, 영욕도 성쇠도 세월 앞엔 한갓 부질없는 허명에 지나지 못하는가. 동행하는 어느 이 혈육이 신학을 공부하고는 불가로 귀의했다는 이야기를 듣다가 나도 모르는 사이 합장하고 있던 두 손을 얼핏 깨닫게 된다. 불탑을 어루만지고 깨진 부도 조각 앞에서 흥망과 부침이 유수함을 되뇌는 동안, 잠시나마 부처의 자비심에 돌아가 의지하고픈 헤아림이었나 보다.

▼ 수없이 휘돌아 가는 산굽이길

▲ 좌우의 산이마가 맞닿을 듯 옹색한 골짜기

계곡은 시작부터 옹색한 협곡으로 두 팔을 벌리면 양쪽 산이 닿을 듯하다. 깎아지른 산비탈은 온통 울창한 나무와 숲으로 하늘을 반나마 가리고 바위와 물이 어우러진 계곡은 심한 굽이를 틀며 산모롱이를 돌아간다. 초입부터 전개되는 비경은 발걸음을 옮길수록 절경을 이루지만, 시절이 가을로 시월도 중순으로 접어드는데 푹한 날씨 탓이러니, 겨우 몇몇 나무들만이 붉은 점을 드문드문 흩뿌리고 있구나.

휴양림 관리소를 지나고 두어 번 개울을 건너면 산뜻한 통나무집이 그림처럼 산자락에 안기었으니 이름하여 불바라기 산장. 산장에서 다시 산모퉁이를 돌면 토종벌통이 뒤뜰에 즐비한 민가가 하나, 골짜기 안에 자리 잡은 두 집 중의 마지막 꼭대기 집이다. 산밭뙈기조차 일굴만한 땅이 없는 궁벽한 두메 골짜기에서 벌이나 치고 약초를 캐는 토박이 심메마니의 살림살이 모습이다.

개울을 끼고 오르는 계곡 길도 멍에정 정자 앞에 이르러서는 육중한 쇳대가 가로질러 길을 막고 차를 두고 가란다. 계곡 입구에서 이곳 정자까지는 7킬로미터의 거리요, 여기서 불바라기 약수는 다시 5킬로미터이니 미천골은 대충 12킬로미터 30리에 이르는 유심한 골짜기다.

▲ 계곡 밑바닥까지 단풍의 불이 타오르고 있다

입구에선 아직 청청하던 수목들이 계곡이 깊어지고 높아지면서 오색 현란한 단풍으로 옷을 바꿔 입는다. 개울 바닥을 스치던 길은 에서부터 산허리 중턱으로 오르막길이다. 시야가 넓게 트이면서 봉우리도 골짜기도 한눈에 가득히 들어온다. 산이마에서부터 점화된 불길은 저고리를 붉게 태우고 산자락 끝 치맛자락까지 물들이고 오색의 물감을 철철 흘러내렸다. 단풍나무는 진홍빛으로 피를 토하고, 갈참나무는 황갈색으로 질식했다. 신갈나무, 싸리나무, 피나무는 노랑, 노랑 또 노랑이다.

홍(紅)으로 황(黃)으로 적(赤)으로 불길이 번지는 가운데, 훤칠하게 쭉쭉 뻗은 아름드리 전나무 기둥들이 군데군데 박혀서 녹색의 점과 띠로 조화를 이룬 절경은 한껏 곱고 아름답다. 봉마다 무지개요 스펙트럼 속의 오묘한 신비경이다. 물과 바위와 단풍이 어우러진 계곡은 미천(美川)이요, 흠 하나 없이 높고 청명한 가을하늘은 그대로 미천(美天)이다.

골이 깊어질수록 단풍의 색도가 짙어지고, 앞에도 뒤에도 좌측도 우측도 팔방이 온통 화염으로 휩싸인다. 산천 따라 경개 찾아 나선 걸음이니 무어 서두를 일이 있겠는가. 가을 계절에 취하고 단풍의 절경에 취해 버린 나그네의 객수는 청산별곡을 나직이 홍

▼ 깊은 산골에 한 가구가 들어와 꿀벌을 치고 있다

얼거리며 산지기의 고독 속으로 빠져들고 만다.

일행의 수지는 연신 감격과 탄성이다. 단풍잎 하나에도 놀라워하고 자잘한 들꽃 한 송이에도 흥분을 감추지 못한다. 지천의 비경에 몰입된 그미의 비명은 차라리 깊은 한숨이었다. 벅차오르는 감정을 주체하지 못해 곧잘 공감을 얘기하곤 했다. 저리도 산수의 자연을 좋아하는 이가 또 있었구나.

오랜 날을 남의 땅에서 살다 들어왔으면서도, 내 땅의 자연에 대한 애착과 갈망은 어느 때고 지극했다. 저녁연기 피어오르는 민가를 보고 무척이나 동경을 하기도 했다. 이토록 우리 것, 내 것에 대한 관심과 애정이 얼마나 깊은 그미였던가를 알만도 하다.

가슴 가득 밀고 들어오는 풍경 어느 것 하나 버릴 수 없어 연신 카메라에 담느라 걸음걸이가 더뎌지니, 민(閔)이 터벅터벅 저 혼자 저만치 앞서간다.

"어이, 민! 천천히 가게나. 그냥 스쳐 갈 수 없잖아?"

"형님은 사진으로 담지만, 지는 열심히 눈에다 담지요."

그렇다. 이 같은 선경에 들어와 무어 굳이 사진이 필요하고 말이 필요하랴. 사진으로, 한 편의 글로 옮겨서 남겨두고자 한들, 어찌 자연의 제 모습을 그대로 남기고 적는다 할 수 있겠는가. 나를 둘러친 산도 나무도 풀꽃도, 자연 속의 삼라만상 모두를 있는 상태 그대로 두고 기억 속의 영상으로나 간직하는 것이 훨씬 자연을 더 잘 이해하고 감상하는 자세일지도 모르겠다.

민은 그저 묵묵히 스치는 전경들을 눈동자 속에 마음의 갈피 속에 차곡차곡 접어서 쌓아두고 있는 것이었다. 그러면서 대엿새

▲ 미천골의 끄트머리에 위치한 불바리기약수

후 주말 전에 다시 이 미천골을 오겠다고 했다.

끝 간 데 없이 이어지는 단풍의 장막을 쉬엄쉬엄 두어 시간 만에 불바라기 약수터에 이른다. 느릿한 골짜기가 끝나고 비탈이 심해지면서 산으로 올라붙어야 하는 지점이다. 두 계곡이 청룡폭포와 황룡폭포를 이루면서 합쳐지는 그 어름의 바위 절벽에서 실낱같은 약수가 흘러내린다. 약수 성분 탓에 언저리 바위가 붉게 물든 것이 마치 불바다 같다 하여 붙여진 이름이란다. 물통 가득 약수를 받아 마시며 땀을 식힌다. 골짜기가 하도 깊고 거리도 먼 탓에 휴일에나 찾는 이들이 더러 있는 편이니, 한적하기 그지없다. 첩첩한 산중에 들어 단풍도 만끽하고 약수마저 들었으니, 예서 아주 신선 되어 하늘로나 오를거나.

26 하늘이 숨겨둔 비경 덕풍계곡

▲ 덕풍계곡은 동쪽의 용소골과 서쪽의 문지골로 나뉜다

예전에야 덕풍계곡을 가려면 태백에서 동해안 호산읍으로 통하는 길을 타고 통리를 지나 소부치고개를 넘어 신리 협곡을 지나다녔다. 그러던 것이 몇 해 전 봉화 석포에서 넘는 석개재 길이 포장되면서 낙동정맥의 산골의 오지를 휘젓고 다니기 위해 이 길을 이용하게 된다.

석개재는 애당초 통행인이 거의 없는 길이다. 포장이 되었어도 마찬가지다. 영마루를 오르거나 내리거나 만나는 차량이 별로 없이 적막강산이다.

산골 나그네의 길은 언제나 서두를 일도 없다. 스치는 나무 한 그루, 바위 하나에 모두 눈길을 주며 유유자적 고갯마루에 서면 일망무제의 전망에 그냥 몸이 굳어 버린다. 멀리 파노라마로 펼쳐지는 두타, 청옥의 연봉들을 바라보노라면 가슴이 탁 트이고 외눈박이로 살아온 나의 시력이 한결 시원해진다. 동해를 향해 뻗어내린 겹겹의 산줄기는 그대로 산수화 한 폭이다. 원근에 따라 초록에서 파랑으로, 그 너머는 다시 회백색으로 짙음과 흐림이 어우러져 내 가난한 뇌리에 실루엣으로 처리된다.

▲ 심한 폭우로 파괴되고 남은 노후 시설물

끝없는 여심(旅心)을 일으키는 굽이굽이 내려가는 길도 더없이 좋고. 고갯길을 다 내려가면 태백, 호산 길과 만나는 풍곡삼거리, 주차장에서 남쪽으로 이어지는 계곡이 덕풍계곡이다.

계곡은 들머리부터 바위와 물의 오묘한 조화로 절경의 연속이다. 산은 절벽을 낳고 반석을 내린 물은 못을 이루고 울울(鬱鬱)한 장송(長松)은 그림이 되었다.

콘크리트가 아닌 철판과 쇠줄로 매어둔 다리를 건너기 서너 번,

6km를 들어간 골짜기 깊은 곳에 촌가 몇 가구가 모여 있으니 이 골짜기에 하나뿐인 동네, 이름하여 덕풍마을이다.

주인이 떠나 버리고 풀더미에 가려있는 끝집쯤에 이정표가 길을 인도한다. 왼쪽이 용소골이요, 오른쪽 계곡이 문지골이다. 용소골은 응봉산을 넘어 덕구온천으로 이어지고 문지골은 삿갓재를 통해 울진의 소광리로 연결된다.

발길을 왼편으로 틀어 용소골 품안으로 파고든다. 오랜 세월 방치로 낡아빠진 봇도랑 구조물을 지나면 금시 길은 없어지고 바위벼랑과 허리를 넘는 계곡물이 막아선다. 벼랑을 잡고 살금살금 걸음을 떼어보지만 몇 발짝을 못 가 요지부동, 손바닥으로 해를 가리겠다는 미욱한 요령은 통할 수가 없나 보다. 등산화를 신은 채로 아예 물로 들어설 수밖에 없다.

가을장마가 지나간 뒤의 계곡은 수량도 적지 않지만 바짓가랑이를 적시고 종아리와 허벅지에 닿는 촉감이 시원하게 느껴진다. 계절이 깊어가니 보름쯤 지나면 물길 트레킹도 그나마 어렵겠지.

▼ 제1용소 오른편 바위벽에 줄이 매어있다

▲ 하늘색시 내려와 몰래 목욕했을 제2용소의 명경지수

가끔 벼랑을 안고 돌아갈 수 있도록 줄을 메어 둔 곳도 있고 몇 군데 사다리가 남아있기는 하나 그나마 큰물에 휩쓸려 골조만 앙상하다. 소(沼)가 깊어 건널 수 없는 곳엔 다행히도 밧줄과 사다리에 붙어 갈 수 있으니, 여기 처음으로 길을 가고 그나마 보조물을 설치해 둔 은혜가 고마울 수밖에. 그러나 또 한편, 길을 다듬어 놓고 안전시설을 제대로 갖추어 두었다면 얼마나 많은 사람의 무리들이 이 계곡을 찾았을 겐가.

인적이 들끓으면 이 같은 비경이 온전히 보존될 수 있으랴. 청정한 계곡을 유지하려거든 여기에 아무것도 설치하지 말아라. 시설물이 없는 것은 불편한 게 아니라 고맙고 행복한 일이다. '자연(自然)'은 말 그대로 '스스로 있는 그대로'의 모습이어야지 인공으로 더하는 일도 덜어내는 일도 없어야 한다.

울진의 소광리나 덕구에서 응봉산을 넘어 내려오는 이들이 많아지면서 드물게 인간이 남기고 간 흔적들이 눈에 띄기는 한다마는 용소골은 그래도 문명의 쓰레기가 깊숙이 들어와 있지는 못했구나. 조물주가 만들어준 그대로의 저 맑고 푸른 물엔 하늘도 산도 청청한 나무들도 이 골짜기 모든 자연이 녹아 있다. 태초의 신비도 우주의 비밀도 함께 그대로 담아두고 있다.

애당초 반바지로 갈아입었으면 마음 편했을 것을, 몸이 젖은 채 철벅거리며 물을 건너기도 하고 줄을 잡고 깎아진 절벽을 조심스럽게 내려가기도 하고 미끄러져 물로 떨어질세라 아슬아슬 벼랑 밑을 안고 돌다 보니 빈 골을 요란하게 뒤흔드는 폭포의 굉음이 울려온다.

용소골의 이름을 낳은 제1용소가 자신의 모습을 내보이는 것이다. 깊이를 짐작할 수조차 없을 정도의 검푸른 물은 넓은 늪을 빙글빙글 돌아가며 거대한 소용돌이를 일으킨다.

▼ 덕풍계곡의 마지막 화전민 농가

아찔하게 느껴지던 회오리 물을 내려다보며 밧줄에 의지해 폭포 위로 올라서면 계곡은 다시 평탄하게 이어진다. 점입가경(漸入佳境)이라더니 계곡의 품속을 파고들수록 풍광은 절경을 넘어서 선경의 지경에 이른다. 천고의 풍상에 갈고 닦인 암반은 손으로 쓰다듬고 싶을 정도로 매끈하고 원만한데다가 유백색의 은근한 빛깔이 흠 하나 없다.

산봉우리가 맞닿을 정도로, 아니 절벽이 서로 부딪칠 것만 같은 이 좁디좁은 협곡에 소나무도 바윗돌도 물도 어찌 그리 정확하게 제가 서야 할 위치를 찾아 자리 잡았는가.

松松栢栢岩岩廻
水水山山處處奇

산수를 찾아 천하를 주유하던 방랑시인 김삿갓의 시구 그대로다. 솔은 솔대로 잣나무는 잣나무대로 바위는 바위대로 돌아 어울리고 물은 물대로 산은 산대로 곳곳에 기이한 경치를 이루었고나.

첫 용소를 지나 휘적휘적 한 시간 만에 제2용소에 이른다. 용소골엔 상류로 거슬러 차례대로 3용소까지 있으니 폭포 역시 세 곳이 있음은 물론이다.

골골이 흘러내린 물이 계곡으로 모였다가 10여 미터 높이의 낭떠러지를 일시에 쏟아 부어 내니 낙하하는 물줄기는 또 하나 용소를 이루었다. 폭포 아래 소(沼)는 모두가 물확이요, 자연이란 석수장이가 갈고 다듬어 놓은 천연의 욕조다.

▲ 낙동정맥 석개재에서 조망한 두타산과 청옥산의 연봉

곳곳의 소들이 그 이름은 얼마나 예쁘고 아름다운가. 옥녀탕, 선녀탕, 복숭아탕…….

이쯤이면 하늘색시도 굳이 달 밝은 밤에만 내려올 것이 아니라 한낮에도 살며시 내려와 목욕하고 놀다 갔으리.

27 황홀경의 신비 고씨동굴

▲ 철책을 뜯어내고 새로 단장한 동굴 입구

영월 지방에서 빼놓을 수 없는 명소가 고씨동굴이다. 봉래산을 감돌아 내려오는 동강과 청령포에서 흘러오는 서강이 합수를 이루어 단양의 도담 삼봉으로 빠지면서 강은 제법 큰 줄기가 되어 남한강의 한 지류를 만든다. 버스를 타고 영월 화력발전소를 지나 강 흐름을 따라 하동면 진별리까지 가는 길은 금시라도 시퍼런 물속으로 곤두박질할 것 같은 위태한 산협로다. 밀치는 인파

속에 겨우 발을 디디고 선 채, 머리를 빼고 차창을 내다보면 좌우의 경개가 무한한 절경이다. 반수직의 까마득한 봉우리에서부터 촛농이 녹아내리듯 청청한 수림 사이로 바위가 내리덮어 가는 곳마다 아름다운 산하를 낳는다. 발길 닿는 곳, 처처장장(處處場場)이 명소 아닌 데 없고, 나무 한 그루 풀 한 포기 소중한 자연물 아닌 것 없으매, 내 국토의 고마움이 어찌 느껍지 아니하랴. 산봉우리마다 그럴듯한 이름이 있을 법도 하다만 물어봐도 아는 이 하나 없다.

취한 듯 어린 듯 몇십 분을 달리고 나니 그 많던 승객들이 일시에 내려 버린다. 차에서 내려 강 건너 앞산을 보면 시커먼 입을 벌리고 서 있는 동굴 입구가 나타난다. 여기서 나룻배로 강을 건너 100m쯤 계단을 오르면 고씨동굴(高氏洞窟)이다.

▲ 빗살무늬로 무수히 흘러내린 종유석

임진왜란 당시, 인근 고(高) 씨 일가가 난을 피해 숨어 있었다 해서 유래된 이름이란다. 1965년 한국 동굴협회의 답사로 그 가치를 인정받아, 1969년 천연기념물 제219호로 지정하여 일반인에게 공개하기 시작했다.

고씨동굴은 4억 년의 장구한 세월에 걸쳐 형성된 거대한 종유굴로, 총연장은 6.3km에 달하며, 굴 안에는 4개의 호수와 3개의 폭포, 10여 개의 크고 작은 광장이 있다.

굴 입구에 첫발을 내딛고 들어서면 찬 기운이 확 밀려들면서 머리에 물방울이 뚝뚝 떨어진다. 갑작스러운 칠흑에 시작부터 이마를 부딪쳤다. 첫 언덕을 더듬어 기어오르면 조명 시설이 차츰 눈에 익숙해져 희미하게나마 사물이 구별된다. 양손으로 철책을 움켜잡고 다리를 건너자니, 폭포의 요란한 굉음이 동공(洞空)을 뒤흔들며 위압감을 느끼게 한다. 허리를 낮게 굽혀 통로를 빠져나가는가 하면, 돌기둥을 싸안고 돌기도 하고, 사다리를 밟고 위층으로 오르기도 하는 등, 연속된 터널이 마음 놓고는 잠시도 옮기지 못할 만큼 위험하고 변화무쌍하다. 전 코스를 돌아 나올 때까지 곳곳에 밝은 조명과 안전시설을 설치해 놓았으나, 구석구석의 오묘한 아름다움을 보기 위해서는 따로 손전등이 필요하고 세심한 주의가 있어야 한다.

제3폭포에 이르러 장관을 확인하고자 손전등을 내리비춰보나, 끝이 보이지 않는 암흑의 낭떠러지기다. 찰나의 실수로 한 발을 헛디디면 영원히 미궁으로 굴러 떨어질 것 같다. 지옥이 바로 이

▲ 둥지 속의 새알인 듯 정교한 모습

러하려니 하니 선뜻 온몸에 소름이 끼친다. 폭포를 이룰 만큼 많은 물이 어디서 시작하여, 또 어디로 흘러가는지 종잡을 수가 없다.

공포감에 억눌려 가다 보면 금시의 악몽 같은 폭포와는 판이하게 기이한 형상의 크고 작은 석순 석주들이 즐비하다. 두세 아름은 족히 될 만한 육중한 석주에서부터 손가락 크기의 작은 석순에 이르기까지 크기와 모양이 천태만상이다.

그러나 이 많은 석순이 무지한 외래객의 소행에 시달린 탓인가, 부러지고 깨진 흔적이 여기저기에 허다하다. 천불대, 직녀궁, 꿈의 궁전 등을 둘러보고 수십 갈래로 뻗은 미로를 빠져 천궁(天宮) 앞에 우뚝 서면 황홀한 광경에 할 말을 잃을 뿐이다.

왕관을 층층이 쌓아 만들어 놓은 듯, 정교하고도 우람한 석주가 천장을 떠받들고, 손을 대면 미끄러질 듯 매끈한 돌부리가 사면을 장식하고 있다. 처음에 이름을 붙인 이 그 뉜가, 아름다운 이름은 온갖 기형물과 함께 천연의 지하 궁전을 만들어 놓았다. 그 어느 조각가 솜씨로 이보다 훌륭한 작품을 창조해 낼 수 있을까? 다함없는 자연의 신비가 아무래도 불가사의다.

관리자의 말에 따르면 동굴 기온은 계절과 관계없이 섭씨 10도 내외의 상온을 유지한다고 한다. 한 시간 반 정도의 순한 곡예를 마치고 굴 밖으로 나오니 한여름의 후끈한 무더위가 찐득거린다.

▲ 동굴 앞을 흐르는 남한강의 절경

▼ 도료변의 고시동굴 안내비

28 연산군과 광해군의 묘에서

▲ 서울 방학동 도봉산 기슭에 안장된 연산군의 묘

조선 왕조 스물일곱 명의 임금 중에 조(祖)와 종(宗)의 칭호를 받지 못하고 패륜 군주로 낙인찍혀 군(君)으로 강등된 두 임금, 연산군(燕山君)과 광해군(光海君).

후세의 역사는 그 호칭만으로 두 사람을 같은 위치에 두고 폭군으로 부른다. 또한, 뭇임금들은 사후에도 능(陵)으로 칭하지만,

이들의 무덤은 일반인과 마찬가지로 묘(墓)로 불린다. 생전의 행적과 관계없이 호칭 하나만으로 인물의 공과를 평가하는 것이 대저 세상의 인심이니, 이름이든 호칭이든 두고두고 후세에 누를 남겨서는 아니 될 일이다. 연산과 광해 두 이름을 되뇌며 그들의 묘를 찾아 발길을 나섰다.

연산군의 묘는 도봉구 방학동 북한산 기슭에 있다. 동네 이름조차 '학이 날아가 버린 곳(放鶴)'이러니, 명당처에 패주를 묻을 리야 있겠는가. 산자락이 급하게 끝맺는 좁은 자리인지라 묘역이 넓지는 못하지만, 생각보다 볼품없이 버려진 묘는 아니다. 쌍분의 묘 앞에 마주 서면 왼쪽이 연산의 무덤이요, 오른쪽은 폐비 당한 그의 부인 신 씨(申氏)의 묘다. 그런대로 묘비에 상석까지 갖추고, 문인석과 무인석에 촛대석, 그리고 장명등까지 세워 두었다. 이쯤이면 어느 왕릉엔 미치지 못하지만, 연산군이란 오명에 비추면 과분하게 단장되었다. 묘 앞엔 수령 800년이 넘는 은행나무가 주민들의 지극한 보호 덕분에 아파트 숲 사이에서나마 그의 묘를 지켜주고 있으니 역사의 아이러니라고나 해야 할까.

▲연산군 묘의 표석

연산군은 성종과 숙의 윤 씨 사이의 장남으로 출생하였으나 세

살 때 모후의 폐비 사건을 당하고 일곱 살에 세자로 책봉되었다. 성종의 승하로 제10대 왕에 등극하니 그의 나이 18세. 어려서부터 학문을 싫어하고 성품이 온후하지 못했다. 12년간을 재위하며 두 차례의 사화를 겪으면서 연산은 점차 폭군으로서의 정체를 드러내기 시작했다. 유자광의 상소로 인해 '조의제문'을 구실삼아 김종직을 부관참시하고 김일손을 능지처참하는 등, 사림파와 눈에 거슬리는 훈신세력까지 제거하면서 많은 희생을 치렀으니 이 사건이 곧 무오사화다.

조정을 장악한 후로는 패륜적인 행태를 계속 보여 매일같이 향연을 베풀고 주색에 빠지며 심지어 친족을 범하기까지에 이르렀다. 끊이지 않는 탕아로서의 향락에 국고가 바닥나매 백성들에겐 세금을 중과하고 대신들에겐 공신전을 몰수하였다.

이때 정권 장악에 혈안이 된 임사홍이 모후 윤 씨의 폐비 사건 내막을 연산에게 밀고하여 폐출에 관련된 부왕의 후궁들과 그 자손들, 내시와 궁녀까지 모조리 처형하여 피로 얼룩진 갑자사화를 역사에 기록하였다. 이 같은 학정에 박원종 등이 군사를 일으켜 진성대군을 옹립하고 반정을 도모하매, 연산군은 강화도로 유배되었다가 두 달 후인 1506년 11월 30세를 일기로 그곳에서 생을 마감했다. 왕권을 볼모로 인륜과 민심을 배반한 그의 이름은 영원한 독재자, 패륜아, 탕자, 폭군 등의 온갖 악명의 대명사로 끝내 남게 되었다.

광해군의 묘소는 남양주시 진건읍 송중리 적성골. 금곡에서 사

▲ 수령 800년의 노거수 은행나무

릉 못 미쳐 오른쪽 계곡을 파고들어 외진 고개를 넘어야 하는 깊은 산 속이다. 영락공원묘지 1킬로미터 전의 인적조차 없는 곳. 적적하다 못해 을씨년스럽기까지 한 이 깊은 산골까지 어쩌다 쫓겨와 묻혔는가. 연산군과는 달리 흉포한 인물도 아니언만, 광해의 묘소는 담장만 둘렀을 뿐 정승의 묘만도 못하고 그저 이름 없는 백성들의 무덤에 지나지 못한다. 글자조차 일그러진 묘비가 아니었더라면 어찌 임금의 묘라 알아볼까나. 빈산에 울어대는 뻐꾸기 울음이 더욱 역사의 흥망과 성쇠를 무상하게 전해줄 뿐, 허허로움이 휩싸고 도는 것을 어쩌랴.

정쟁의 회오리 속에 희생된 비운의 임금 광해군. 선조가 나이

40이 되도록 정비 의인왕후에게서는 후사가 없었다. 그래 임란 중 의주 몽진 길에 후궁의 소생으로 부랴부랴 세자에 책봉되었다. 그 후 계비인 인목대비가 뒤늦게 영창대군을 낳으면서 소북파가 세자 책봉 변경을 요구했다. 이런 와중에 선조가 운명하면서 광해군은 자연스럽게 15대 왕좌에 오르니 1608년의 일로 그의 나이 서른세 살.

광해군은 포악한 연산과는 대비되는 면이 적지 않다. 15년간을 재위하면서 내치와 외치에 철저히 한 실리주의자였다. 전란으로 타버린 궁궐을 다시 지어 왕실의 위엄을 살리고, 대동법 시행으로 민생을 구하는 등, 파탄지경의 국가 재건에 심혈을 기울였다.

▼ 광해군 묘의 방향을 일러주는 표지판

▲ 죽어서도 남양주 첩첩산중에 갇혀버린 광해군의 묘

이 무렵 동북아 정세가 급변하여 여진족이 후금을 세우고 명나라가 후금과의 전쟁에서 패하며 쇠퇴의 기미를 보였다. 이와 같은 국제 정세에 대비하여 명과 후금 사이에서 등거리 외교를 하는 능란한 솜씨를 보여주었다. 왜란으로 소원해진 일본과도 조약을 체결해 전쟁의 위협에서 벗어나게 하였다. 안으로는 강력한 왕권체제 아래 부국강병의 길을 모색하고, 밖으로는 실리주의 노선을 견지했다.

그러나, 친명사대 주의자들의 저항에 휘말려 왕권을 강화하는 과정에서 영창대군을 강화 교동으로 위리안치시켜 죽이게 되고, 인목대비를 서궁에 유폐시키는 실수를 저질렀다. 왕권에 위협하는 세력을 제거하긴 했으나 백성들을 학대하는 정치를 펼친 적은 없다. 위협을 느낀 서인파가 친명주의를 주장하며 능양군의 지휘로 광해군을 폐위시키니 이 사건이 인조반정, 아니 인조반란이다. 폐위된 광해군은 강화도에 안치되었다가 제주도로 옮겨진 후 18년 동안 초연한 자세로 연명하다가 66세로 세상을 떴다.

▲ 총탄 흔적으로 얼룩진 광해군 묘비

폭정이 아닌 정쟁의 회오리로 밀려나 군(君)으로 강등된 광해. 그는 연산군과는 크게 대비되는 치적을 남겼으면서도 후세에 부끄러운 이름의 주인공이 되었다. 사후마저 연산군에도 못 미치는 초라한 묘소. 하여간 역사는 결과만으로 결론지어지는 것이 상례다.

두 묘소를 둘러보며 절실하게 와 닿는 생각 한 가지. 오늘날의 대통령도 그 호칭을 구별하는 것은 어떨까. 독재의 만행으로 민중의 저항에 쫓겨났거나, 쿠데타로 정권을 탈취하고 군주의 폭거를 전횡한 자 등, 정통성을 상실한 주인공들에 대해서는 대통령이 아닌 다른 호칭으로 구분하는 것도 역사의 교훈을 위해 필요한 노릇이 아닐까 자문해 본다.

29 조선 왕조의 뿌리 준경묘(濬慶墓)

▲ 준경묘 전경

지난 연초에 준경묘를 찾았다가 겨우내 쌓인 눈으로 길이 막혀 들어가지 못하고 대신 영경묘만 둘러보고 돌아간 적이 있다. 준경묘(濬慶墓)는 태조 이성계의 5대조 이양무 장군의 묘로서 삼척시 미로면 활기리에 있고, 부인 이 씨의 영경묘는 동쪽으로 4km 떨어진 하사전리에 위치한다.

태백 동해 간의 38번 국도를 타고 미로면에 들어서면 '준경묘

입구'라는 표지판이 나오고, 표지판을 따라 약 1.5km를 가면 활기리 마을에 이르게 된다. 하늘 열 평의 첩첩한 두메산골. 본래의 지명은 왕이 나올 자리라 하여 황기(皇基)였던 것이 속음화되면서 활기로 바뀌었다는 주민의 이야기다.

이성계의 고조부인 목조 이후 용비어천가에 주인공으로 등장하는 모든 조상의 묘가 함경도에 있다. 이에 비해, 이양무의 묘가 삼척에 위치하게 된 것은 아들 안사(목조)가 전주에서 지방 관리로 있을 때 기생 문제로 다른 관리와 심한 불화를 겪고 생명에 위협을 느껴 이곳으로 피신해 왔기 때문이다. 그때 아들을 따라 옮겨왔다가 이듬해 여기서 운명한 것이다.

이성계 조상의 가계(家系)를 보면, 고조부 목조(안사), 증조부 익조(행리), 조부 도조(춘), 부친 환조(자춘)로 이어지는데, 이양무는 목조의 부친으로 전주이씨의 17대손이 된다.

▲ 태조 이성계의 5대조 준경묘 표지판

마을 입구에서 '준경묘 1.8km' 표지판을 따라 산으로 난 시멘트 길을 올라가니 300m쯤에서 솟대가 차량 통행을 막고 걸어가란다. 여기서부터는 숨이 턱에 찰 정도의 가파른 지그재그의 오르막길이다. 등이 흠뻑 젖도록 10여 분만에 오르막길이 끝나고 평평한 길 다시 1km.

쭉쭉 뻗은 금강송들이 늘씬한 자태를 자랑하며 길 양쪽에 꽉 차게 늘어섰다. 산림청과 환경단체에서 선정한 한국에서 가장 아름답다는 소나무 숲길이다. 숲길 저 끝에 갑자기 확 트인 공간이 나타난다. 이 깊고 좁은 골짜기에 뜻밖의 광활한 공간이다.

여기가 바로 준경묘 묘역으로 골짜기를 메워 드넓은 평지를 만들어 놓은 것이다. 높은 산 정상 가까운 곳에 이런 분지가 있으리라 상상도 못 했는데, 준경묘의 전경이 시원스럽게 넓고 평탄하며 또한 아늑하여 마치 평지 같은 느낌을 준다.

▲ 백년 이상의 거목이 즐비한 일대의 금강송

주위의 산은 온통 아름드리 금강송 일색이다. 백 년 이상을 자란 소나무들이 거의 원시림을 이루었다. 금강송을 일러 '황장목'이라 하여 최고의 목재로 인정하여 경복궁 중수 때도 여기에 있는 나무들을 자재로 사용하였다. 금강송은 달리 나무가 붉은색을 띠고 있어 적송이라고도 하며, 훤칠하고 늘씬한 모습으로 인해 미인송으로도 불린다.

준경묘와 영경묘 일대는 모두 조선 왕궁 소유의 임야로 관리된 까닭에 우리 땅에서 아름드리 금강송이 군락을 이루고 가장 잘 보존되고 있는 곳이다.

화재로 무너진 숭례문 복원을 위해 이곳의 금강송을 이용하려는 이야기가 나오자 전주 이씨 문중의 극심한 반대에 부딪힌 바가 있다.

지난겨울 찾았을 땐 벌목을 반대하는 현수막이 입구 곳곳에 걸려 있었다. 산속은 고요와 적막뿐이다. 광장 한가운데 홍살문과 비각이 있고 그 뒤로 천궁(天宮)과 같은 명당자리에 영경묘가 자리하고 있다. 인가도 없는 첩첩한 두메산골이지만 규모나 단장이

왕릉에 버금갈 정도로 말끔하게 관리되고 있었다. 제실(祭室)은 정면 3칸 측면 2칸짜리 맞배지붕으로 왕릉에 세워지는 정(丁)자형이 아니라 단순한 일(一)자형으로 되어 있다.

▼ 속리산 정이품송의 배필 정부인송

준경묘에는 백우금관(百牛金棺)의 이야기가 함께 전한다. 이안사가 아버지 묘자리를 구하려고 사방으로 헤매고 돌아다녔으나 가난한 살림에 마땅한 자리를 구하기 어려웠다. 마침 활기리 노동(盧洞) 산마루에 이르러 잠시 쉬고 있을 때

한 도승이 나타나 이곳을 가리키면서 길지(吉地)라고 하는 것이었다.

그러면서 소 백(百) 마리를 잡아서 제사를 지내고, 시신을 금관(金棺)에 안장하여 장사를 지내면 5대손 안에 왕자가 출생하여 창업주가 될 것이라고 하였다. 그러나 가난한 살림살이에 소 백 마리를 어디서 구하며, 더구나 금으로 만든 관은 어디서도 구할 것인가?

이안사는 궁여지책으로 소 백(百) 마리는 흰 소 한 마리로 대신하고 금관은 귀리 짚이 황금색이니 의미가 통할 것으로 생각하였다 백우(白牛)로 백우(百牛)를 대신하자는 것이었다. 마침 마을에 흰 소가 있어 밭갈이할 일이 있다며 빌려 달라고 하여 노동(盧洞) 산마루로 끌고 올라갔다. 그리고는 그 흰 소를 잡아서 제물로 사용하고, 귀리 짚으로 금관을 대신하여 아버지의 장사를 치렀다. 이 일로 인하여 목조인 안사가 다시 함흥으로 옮겨가게 된 것이다.

▼ '아름다운 천년의 숲'으로 선정된 기념비

태조 이성계는 새 왕조를 창건하고 삼척군을 선대 묘가 안치된 곳이라 하여 군(郡)에서 부(府)로 승격시켰다. 이후 역대 왕들이 조상의 묘를 찾기 위해 많은 노력을 했으나 목조인 이안사가 함경도로 이주하고 오랜 세월이 지났기 때문에 제대로 찾을 수가 없었다. 그러다가 선조 22년(1589년)에도 묘의 흔적을 발견하였으나, 진위를 두고 다시 수백 년을 끌어오다가 구한말 고종 대에 이르러 대대적으로 묘역을 정비하여 준경묘와 영경묘로 칭하고 매년 청명일(淸明日)에 제향(祭享)토록 하였다.

묘역을 들어서기 직전 길 우측의 청룡 자락에 철책을 둘러 특별히 보호하고 나무가 눈길을 끈다. 충북 보은군 속리산에 있는 천

▲ 송진 채취로 인한 일제의 상처

연기념물 제103호인 정이품송(正二品松)이 태풍에 나뭇가지가 꺾이고 수명이 다해감에 따라 산림청장과 학계에서 정이품송의 대를 이어가기로 결정하고 배필이 될 만한 나무를 찾았다.

그때 선정된 나무가 지금 준경묘의 이 소나무. 수령 100년에 키가 32m, 둘레가 2.1m로, 소나무의 혈통 보존을 위해서 10여 년간 엄격한 심사를 통해 형질이 가장 우수하고 아름다운 소나무로 선발된 것이다. 그리하여 2001년 5월 8일 산림청장의 주례로 두 나무의 혼례식 가졌다. 보은군수가 신랑의 혼주가 되고, 삼척시장이 신부의 혼주가 되어 많은 하객이 참석한 가운데 결혼식이 거행되어 한창 뉴스로 소개된 바 있다.

정2품송의 배필이 되었으니 이제 정부인송(貞夫人松)이 된 셈이다. 나무에게 벼슬을 내려주는 것만으로도 얼마나 아름답고 거룩한 이야기인가. 더욱이 걸맞은 배필을 골라 성대하게 혼례식을 치러 주었다는 사실은 살아있는 유기체로 자연을 수용하고 경배하는 우리 민족의 갸륵한 생명 존중 사상이러니 바라보는 마음도 하냥 따뜻하기만 하다.

30 사대부의 숨결 깃든 닭실마을

▲ '충절세향'일을 알려주는 닭실마을비

태백산과 소백산의 연봉들이 병풍처럼 둘러친 곳 봉화 땅. 산이 높고 물이 맑아 이곳을 은둔처로 삼고 찾아든 선비들이 많은 탓에 봉화엔 일찍이 정자 문화가 발달하고 고택들 또한 많다. 특히나 한수정이 있는 춘양과 내성촌 유곡은 봉화의 양대 사대부촌으로 유명하다.

조선 조 중종 대에 충재 권벌(權橃)이 기묘사화로 내성촌으로 들어와 세거지(世居地)로 삼은 곳이 바로 봉화읍 유곡리 닭실마을. 닭실마을은 충재 선생의 종택이 자리하고 있는 안동 권 씨의 집성촌이다. 마을 뒤로 문수산이 에워 둘러 그 지릉들이 좌청룡 우백호의 지형을 이루고, 서남으로 뻗어 내린 백설령이 알을 품은 암탉의 형세를 이루어 '닭실'로 불리었다. 이를 한자로 표기하여 유곡(酉谷)으로 유래되었다.

마을 앞의 옥적봉이 안산 역할을 하며 수탉이 홰개 치는 형상을 하여, 닭실마을은 그야말로 금계포란의 명당지세를 갖추었다. '택리지'에서도 이곳을 안동의 내앞, 풍산의 하회, 경주의 양동과 더불어 삼남의 4대 길지로 꼽았을 정도다.

▲ 권벌 선생 종택의 솟을대문

봉화읍을 지나 태백 방향으로 5분여를 달리면 내리받이 언덕길 왼편이 닭실마을. 산자락 아래 즐비하게 늘어선 한옥 마을 풍경이 한 눈에 금방 사대부가의 양반 촌임을 알 수 있다. 마을 앞을 지나던 36번 도로가 새로운 곳으로 옮겨지면서 이곳은 다시 한적한 길이 되어 버렸다. 도로변에 세워진 마을비가 '충절세향(忠節世鄕)'임을 일러준다.

마을 안쪽으로 들어서면서부터 머릿속의 상념은 먼 옛날 아득한 시절 속으로 빠져든다. 돌담과 흙 담장의 골목길에서 오랜 세월 잊고 살았던 흙내음이 바람결에 흠뻑 밀려온다. 인공의 콘크리트 구조물이 아니요, 제멋대로 생긴 자연석을 쌓아 올린 담장들이 푸근한 질감으로 다가온다. 우리네 정서가 깃든 고향의 풍경이다.

뿐이랴, 돌담길을 휘돌아 권벌 선생의 종택 솟을대문 앞에 서면 옛 선인들의 숨결이 느껴지는 듯하다. 종가는 양반가옥에서 흔하게 볼 수 있는 입구(口) 자형의 구조다. 수백 년 풍상에 퇴색한 기둥이며 이끼긴 기와지붕이 고풍스러운 분위기를 자아낸다. 우리네 전통적인 가옥들은 주변의 산세들과 조화를 이루어 알맞은 높이로 솟아있는 모습이라서 더욱 정답다. 하늘 높은 줄 모르고 솟구치는 빌딩이며 들판에 우뚝한 나 홀로 아파트의 살풍경한 모습은 그 얼마나 어색하고 부자연스런 흉물이던가.

종가 뒤편 높은 곳에 사당이 보이고, 종가 우측의 쪽대문을 나서면 서재로 쓰이던 충재(沖齋)와 청암정 절경이 자리하고 있다. 청암정은 널찍한 거북바위 반석 위에 솟아있는 정자다. 마치 거북이가 등에 정자를 지고 있는 모습으로, 6칸 넓이의 팔작지붕 누대에 2칸 폭의 맞배지붕 마루방을 붙여서 만든 건물이다. 정자를 중심으로 사방에 연못이 둘러있고 소나무며 향나무, 왕버들이 우거져 주위의 운치를 한껏 더 해 준다.

▶ 청암정 현판

▲ 시인묵객들의 풍류가 서린 청정암

옛사람들의 뛰어난 풍류와 미적 감각이 한결 돋보이는 모습이다. 단아한 모습의 돌다리를 건너 정자에 오르면 '청암수석(靑巖水石)' 현판의 전서체 네 글자가 선연하다. 당대의 문장가이며 명필이었던 미수 허목의 글씨다. 퇴계 이황과 번암 채제공의 편액도 걸려있으니, 만큼 다양한 인물들과 교류가 있었음을 헤아릴 만하다. 문우들과 어울려 독서와 시회를 열기도 하고, 마음 통하는 지기들과 세상을 걱정하며 담론을 나누는 모습은 상상만으로도 풍류와 낭만이 넘친다. 정자의 주인공이 교유했던 선비와 학자들의 정도에 따라 정자가 지니는 의미와 가치도 한층 다르게 느껴질 뿐 아니라, 그의 학식과 덕망이 어떠했을지도 미루어 가늠할 수 있지 않겠는가.

권벌(1478~1548)은 중종(中宗) 때 사람으로 호는 충재. 도승지, 예조참판을 거쳐 경상도관찰사, 형조참판, 한성부판윤 등의 벼슬을 지낸 인물이다. 조정이 사화를 거듭하자 이곳 유곡으로 내려와 음풍농월로 세월을 보내다가 다시 벼슬길에 나아간다. 파직과 복직을 반복하더니, 1547년(명종 2) 윤원형이 윤임을 배척하자 이를 반대하는 양재역벽서사건(良才驛壁書事件)에 연루되어 구례로 유배된 후, 다시 삭주(朔州)로 이배(移配)되었다가 유배지에서 죽었다.

청암정 뒤편의 충재박물관은 충재일기(보물261호), 근사록(보물262호), 연산일기, 세초도 등, 문화재 400여 점이 보관된 충재 권벌의 기념관이다. 근사록은 논어의 '절문근사(切問近思)'에서 따온 말로 주자와 여조겸이 일상생활에 절실한 글들을 뽑아 편집한 것으로 충재 선생이 늘 가까이하던 서책이다.

▼ 명승으로 지정된 석천계곡과 석천정사

닭실마을에서 내성천 지류를 따라 내려가면 10여 분 거리의 석천계곡에 이른다. 좌청룡 우백호의 지형이 아우르며 수구(水口)를 이루는 곳이 바로 2km 남짓의 석천계곡이다. 물길이 마을 앞을 안고 돌면서 그 흐름이 굽어 있는 활의 모양 같다 해서 궁수(弓水)라 하며 풍수에서는 아주 좋은 물길로 평가한다. 수구가 빗장을 걸어 놓은 듯 잘 여며져 있는 것을 수구관쇄(水口關鎖)라 하니, 닭실마을의 명당 기운이 새나가지 않고 잘 갈무리 된다고나 할까. 더할 수 없는 전형적 배산임수의 형세로 명당이라 꼽는 곳이 이런 곳이 아닐까.

애당초 봉화읍에서 삼계리로 접어들어 석천계곡을 통해 들어가야 닭실마을의 풍수와 지세를 제대로 이해할 수 있다. 그러나 도로가 마을 곁을 지나면서 동네 입구가 바뀌었다. 지금의 마을비가 있는 입구는 말하자면 동네 옆구리에 해당하는 곳이다. 좌청룡의 능선을 도로가 가로질러 가면서 출입구를 허리쯤으로 옮겨 놓았으니 마을의 운세가 빠져나가지나 않았는지 모르겠다. 나 혼자 공연한 걱정을 하면서 계곡을 훑어 내려간다.

▼ 닭실마을 부녀자들이 만든 한과

청암정과 석천계곡 일대가 사적 및 명승 제3호로 지정되었을 정도이니, 그 풍광은 가히 승경이라 이를 만하다. 계곡의 바닥은 광활한 통반석으로 계류는 티 없이 맑은 명경지수다. 적당히 소(沼)를 이룬 곳에는 물고기들이 떼를 지어 유유히 노닌다. 아름드리 울창한 노송은 하늘을 뒤덮고, 골짜기 동편엔 석천정사 이끼낀 기와지붕이 세월을 멈추고 섰다. 계곡을 건너기 위해 바윗돌에 걸쳐 놓은 외나무다리는 어떻고. 지팡이를 더뎌 짚은 노승 한 분이 홀연히 나타날 것만 같은 상상에 젖어본다. '청하동천(青霞洞天)'이란 바위벼랑의 글자대로 신선이 살고 있을 만한 별천지의 세계가 바로 여기러니.

석천정사는 34칸의 큼직한 건물로 충재 선생의 큰아들인 권동보가 지었다 하나, 오백여 년의 풍상에 쇠락해진 건물을 보수하느라 지금 공사가 한창이다. 정사 뒤편 암벽의 석천정(石泉亭) 각자 아래 돌우물엔 사시사철 마르지 않는 샘물이 솟아난다. 정자에 올라 시원하게 불어오는 솔바람을 맞으며 자연과 하나 되어 시문을 외고 학문을 논하던 옛사람의 풍류를 어이하면 알거나. 천고의 세월을 지켜오다 풍우에 지쳐 쓰러진 나무 등걸에 걸터앉으니, 나 또한 겨드랑이 깃이 돋아 잠시 신선 되어 오른다. 산굽이를 감고 돌아 동구에 서면 순간 선계를 다녀온 듯 착각 속을 맴돈다.

4

31 송시열의 은거지 화양구곡

▲ 계곡 중앙부에 위치한 화양구곡 비

청천에 있는 우암의 묘소를 내려와 해 저문 길을 화양동으로 옮긴다. 박대천(博大川) 계류를 따라 10리 길을 달려왔을 땐, 이미 어둠이 골골이 내려 덮인다. 화양동 토박이 노인을 만나고 삼경이 다 되어 잠자리에 들었으나, 객창에 스민 여수는 짧은 초여름 밤을 이리 뒤척 저리 뒹굴이다. 산골을 울리는 여울물 소리는 점점 소요스럽고, 소쩍새 외짝 울음은 언제나 혼자뿐인 역마 길을 마냥 고적하게 뒤흔들어 놓는다.

무어 객살이 끼었기에 이리도 하고한 날을 먼 길로 헤매는가. 길동무 하나 없이 떠도는 발뒤축은 낯선 밤을 설칠 때가 한두 번이 아니련만, 산팔자 물팔자도 이만하면 다한(多恨)이런가.

푸르스름한 새벽 그믐달이 나뭇가지에 걸리면서 신들린 낭심(浪心)은 문을 박차고 개울가로 나선다. 자욱한 골안개, 싸늘한 밤공기가 긴 팔소매를 싸늘하게 음습한다.

바윗돌에 걸터앉으니 사념은 하염없이 심층 저변으로 침전되고, 별빛은 사위어 물길 따라 아래로 아래로 흘러간다. 수륙만리를 떠나 등불 앞에 번뇌하던 여정도 빛바랜 한숨이 되고, 동천엔 은빛 장막이 엷어져 간다.

▲ 화양구곡 초입 마을이 있었던 옛터의 돌무지 서낭당

날이 밝으면서 화양천(華陽川)을 거슬러 구곡(九曲)을 차례로 훑어 오른다. 서풍이 산비탈로 내려 불더니 구름이 일고 날빛이 무겁다. 송면까지 8km의 계곡을 샅샅이 헤쳐보기 위해서는 빗발이 뿌리기 전에 서둘러야 한다.

녹수는 성난 듯 소리쳐 흐르고
청산은 찡그려 말이 없구나.
산수(山水)의 깊은 뜻을 생각하노니
세파에 인연함을 저어하노라.

일찍이 우암이 화양동에 은거하며 빼어난 산수와 자신의 심경을 노래한 시 한 편이다. 이중환의 『택리지』엔 화양동을 두고 다음과 같이 기록하고 있다.

▼ 화양구곡의 제2경 운영담

'골이 깊고 큰 시냇물이 밤낮으로 바위와 돌벼랑 밑으로 쏟아져 내리면서, 천만 번 돌고 도는 모양은 다 적어낼 수가 없다. 어떤 이는 금강산 만폭동과 비교하여, 웅장한 점은 좀 모자라지만 기이하고 묘한 것은 오히려 낫다 한다. 대개 금강산 다음으로 이만한 수석이 없을 것이니, 당연히 삼남의 제일이 될 것이다. 청화산(青華山)이 내외로 선유동(仙遊洞)을 위에 두고, 앞에는 용유동(龍遊洞)을 임하여서, 앞뒤 수석의 기절함은 속리산보다 훌륭하다. 산의 높고 큰 것은 비록 속리산에 미치지 못하나, 흙으로 된 봉우리에 둘린 돌이 모두 밝고 깨끗하여 살기(煞氣)가 적다. 모양이 단정하고 좋으며 빼어난 기운이 나타나서 가린 곳이 없으니, 거의 복지다.'

화양계곡의 구곡의 유래는 우암이 은거하며 주자의 무이구곡(武夷九谷)을 본떠, 명소마다 이름을 붙여두었다. 구곡의 승경은 제1곡 경천벽을 시작으로 운영담(雲影潭) 읍궁암(泣弓岩) 금사담(金砂潭) 첨성대(瞻星臺) 능운대(凌雲臺) 와룡암(臥龍岩) 학소대(鶴巢臺) 파천까지 제9곡이 이어진다. 경천벽과 파천 외에 나머지는 불과 몇십, 혹은 몇백 미터의 간격으로 지척 간에 밀집해 있다.

▲ 우암 송시열이 음풍농월하던 암서재

제1경 경천벽은 기암이 가파르게 솟아 마치 하늘을 떠받드는 형상을 하고 있어, 자연의 오묘한 신비를 느끼기에 족한 절승이다.「화양동문(華陽洞門)」넉 자의 서체는 우암 자신의 필체다. 관리사무소 앞의 주차장 자리엔 하촌 부락이 있었으나 지금은 서낭당 돌무지만 남아있고, 산자수려한 천혜의 경관 덕에 휴일이면 하 많은 관광객을 끌어들여 한적한 소요는 벌써 옛이야기가 되었다.

넓은 소에 구름이 그림자를 드리운 운영담을 잠깐 스치면 이내 읍궁암. 효종의 승하 때 우암이 통곡했다는 바위다. 개울물을 지그재그로 건너 화양서원묘정비(華陽書院廟庭碑) 앞에 선다. 말할 것도 없이 화양서원의 옛터로서 만동묘가 자리하던 유적지다.

산 끝 비탈면 해묵은 잡초더미 속에 주춧돌만 과거의 성시를 돌이키며 남아 있더니, 발굴을 마무리 짓고 새 단장을 해 두었다. 한때, 화양묵패(華陽墨牌)의 허세로 위용을 떨치던 화양서원이 대원군에 의해 철폐의 비운을 맞은 것은 고종 연간의 일로 경향 유생들의 세찬 반발에도 불구하고 670여 개의 서원을 47개로 대폭 정비해 버린 것이다.

모화사상이 두터웠던 우암이 무이구곡을 본떠 화양구곡으로 이름 짓고, 또한 주자의 운곡정사(雲谷精舍)를 모방해 암서재(岩棲齋) 정자를 세운 것은 그의 사대성을 가히 짐작하게 한다. 우암은 이곳에 들어온 후, 일상생활을 되도록 중국 방식을 따르기 위해 명나라 복장을 사용했다. 부인에게도 명나라 여자처럼 쪽을 찌게하고, 아이들에게는 머리를 쌍각으로 따서 드리우게 하였으며, 명 의종의 어필인 「비례부동(非禮不動)」 문구를 제5곡 첨성대 절벽에 새겨 숭앙의 뜻을 표했다.

▼ 역사 속에 묻혀 버린 화양서원의 만동묘비

느티나무 거목이 가지런한 그늘 길을 걸어 금사담 돌다리를 디디고 암서재 누대 위에 올라선다. 그 옛적 우암이 솔바람 소리를 들으며 시문으로 풍류를 즐기던 곳이러니, 산천경개를 좇아 예까지 들어온 발길인데, 어찌 한 가닥 감흥이 일지 않을까 보냐.

장송이 울창하게 사위를 둘러쳤고 암벽은 소스라쳐 천공에 정자를 떠받들었다. 난간에 기대어 금사담을 구경하거니, 금모래는 내(川) 바닥에 싸락으로 깔리고, 초여름의 산 그림자는 물결 위에 너울댄다.

암서재를 중심으로 첨성대, 능운대까지 이 일대가 화양계곡의 심장부가 된다. 억겁의 세월 속에 하얗게 갈고 닦인 둥근 바윗돌들이 지천으로 깔려 수려한 계곡미를 더해 주고 있다. 자연의 오묘한 조화는 어디 하나 흠잡을 데가 없구나.

첨성대는 평평하고 큰 바위가 겹치어 수백 척의 높이를 버티고 있는, 별 바위와 도명산(道明山)으로 오르는 산길이 갈라지는 지점이다. 홍수로 유실된 채운암(彩雲庵)터를 거쳐 산복을 가로지르다가 능선으로 올라서면, 최치원이 수도하며 조각했다는 전설의 삼존입체불에 닿게 된다. 채운암은 암서재 뒤편, 고려 시대의 고찰 환창사(換彰寺)와 통합되어 지금은 채운사로 통칭되나, 찾은 이가 드문 탓에 적막감조차 드는 조용한 사찰이다.

학소대를 거쳐 10여 분 남짓 상류로 오르면 제9곡 파천이다. 도로에서 잡목 숲을 반원형으로 돌아내린 곳에, 널빤지 모양의 거대한 평반석이 반 비슷 기대어 표지판 구실을 한다. 계곡 바닥이 갑자기 넓게 트이고, 백옥의 반석이 수천 평에 깔려, 그 반석 위로 맑은 물이 포말을 일으키며 흘러내린다. 때로 대리석 욕조를 만들기도 하고, 수상 미끄럼대를 이루기도 하여, 발 벗고 들어서면 살얼음에 썰매 타듯 미끄러져 내릴 것만 같다.

▲ 근래 다시 복원된 만동묘 전경

구곡을 모두 돌아보고 나면 우암이 화양동주(華陽洞主)라는 또 다른 호(號)를 갖추어 둔 인연을 알 만하다. 예나 지금이나 벼슬길을 물러나면 자연을 찾아 귀향하는 것은 선비들의 당연한 도리이겠거니.

32 월악산과 마의태자

▲ 월악산 정상의 남쪽 석벽

백두대간 소백의 높다란 줄기가 서남으로 자잘한 지릉(支稜)을 흘러 버린 곳, 거기에 내 고향 산간 마을이 골짜기 하나를 차지해 산으로 둘러싸여 있다. 사방을 에워 두른 크고 작은 산들이 띠를 이루고 겹으로 중첩해 보이느니 모두가 산뿐이요, 하늘은 맷방석 만큼의 넓이밖에 되지 못한다. 마을에서 바라보면 훌립한 박달산

(朴達山, 826m)이 한 치 거리로 세 개의 봉우리를 만들면서 슬그머니 기울어지고, 그 뒤로 왼쪽 끝머리에 월악(月岳)의 봉두가 솟구쳐 천공을 꿰뚫었다.

아침이면 박달산 그늘 위로 햇살이 퍼지고, 저녁이면 월악산 머리를 딛고 둥근 달이 떠오른다. 밋밋한 여느 봉우리와 달리 삼각의 형상을 반으로 쪼갠 듯한 수직의 오뚝한 돌무더기의 산봉, 어른들은 와락산이라고 불렀다. 밝은 해가 떠오르니 밝달이요, 저녁달이 솟으니 월악이 아닌가.

▲ 월악의 봉두는 '영봉'으로 불린다

나의 어린 시절은 박달과 월악에 대한 동경으로 가득했고, 발길이 가 닿지 못하는 이들 산을 향한 향수로 메워졌다. 재를 넘고 산을 오르고 싶은 마음 당김은 벌써 월악산을 밤낮으로 바라보며 자라던 소년 기절부터 서서히 꿈으로 커왔던 모양이다. 이처럼 월악은 내게 있어 그리움의 대상이었고, 산심(山心)의 표상처럼 소중히 간직되어 왔다.

충주에서 완행버스에 몸을 싣고, 향리로부터 흘러내리는 달래강을 잠시 끼고 살미에 이르는가 싶더니, 왼쪽으로 방향을 꺾어 단양길을 들어선다. 찔레꽃 필 무렵의 가뭄이라 하더라만, 구름 한 점 드리운 적이 없는 청명한 봄 하늘, 흙먼지를 날리며 못자리 비닐이 하얀 들길을 귀향하는 기분으로 내친다.

옛 한수면(寒水面) 소재지에서 송계천 계류를 끼고 다시 우측으로 방향을 틀면 월악(月岳)의 뒤통수를 정면으로 치켜보면서 협소한 돌밭 길로 들어선다. 북록에서 관망하는 월악의 산세는 연맥 없이 독립되어, 삼각의 꼭지에다 원추를 하나 더 올려놓아 하늘을 떠받드는 기험한 형상이다. 계곡은 푸른 솔과 어우러져 스치는 곳마다 담(潭)과 소(沼)를 이루고, 멍석을 펼쳐놓은 듯한 반석은 매양 마을 인들의 천렵 터가 되었고나.

급한 벼랑으로 험한 줄기가 잘리면서 산 끝을 내린 곳이 복평리 새터 마을. 여기서 길은 월악을 싸안고 갈래가 나뉜다. 왼쪽으로는 월악리로 들어가는 목(項)이 되며, 오른쪽으로는 송계(松界)를 거쳐 줄곧 미륵리까지 뻗는 정남의 외줄기 길이 된다. 흔히들 일러 송계계곡이라 하거니와, 40여 리에 달하는 유심한 이 계곡은 마의태자가 망국의 한을 품고 금강산으로 입산하며 스쳐 간 옛길이 된다. 마의태자는 신라의 마지막 임금인 경순왕(敬順王)의 아들로서 국운의 쇠잔을 최후까지 지켜본 인물이다.

신라가 신흥 세력인 후백제의 견훤(甄萱)과 고려의 왕건(王健)에게 눌려 대항할 힘이 없으매, 경순왕은 무고한 백성을 죽일 수 없다 하여, 친히 군신 회의를 열어 고려에 항복할 것을 논의하였다. 그러나 태자는 충신과 의사에게 민심을 수습하고 나라를 지킬 것을 주장하며, 천년 사직을 일조일석에 버릴 수 없다 하여 반대하고 나섰다.

▲ 덕주공주의 자화상으로 일컫는 마애불

대세는 기울어져 고려에 귀부하는 국서(國書)가 전달되자, 태자는 통곡하며 개골산(皆骨山)에 들어가 베옷(麻衣)를 입고 풀뿌리와 나무껍질을 먹으며 일생을 마쳤다. 마의태자는 그가 입산 후 평생 동안 베옷을 걸치고 지냈다는 데서 유래된 이름이다.

마의태자에 대한 기록은 삼국사기(三國史記)에 그 편린이 전할 뿐, 별다른 문헌상의 상세한 이야기가 없다. 다만 곳곳에 태자에 얽힌 전설들이 내려오고 있을 뿐이다. 따라서 태자의 간 길을 추적해보는 방법은, 필자 나름대로 그 전설의 현장을 따라가는 도리밖에 없다. 태자가 신라 땅을 버리고 북행함에 있어 소백의 산맥을 넘었을 것은 짐작하기 어렵지 않다.

문경에서 하늘재를 넘어 월악산을 통과해 발길이 닿은 곳이 양평의 용문사다. 용문사 뜰 앞의 노거수 은행나무가 마의태자의 전설을 안고 있지 않은가. 태자가 짚고 가던 단장을 꽂은 것이 곧 그 은행나무로 수령조차 천 년이 넘는다 하니, 연대로도 얼핏 비슷함을 느끼게 된다.

철원의 명성산(鳴聲山)은 태자가 통한의 눈물을 뿌림에 산천도 함께 따라 울었다 하여 비롯된 이름이며, 철원을 거쳐 올라간 태자는 금강산이 바라다 보이는 고갯마루에 올라 비운의 철천지한을 씻고자 수도승이 되기 위한 삭발을 했으니 단발령(斷髮嶺)이다. 이와 같이 하늘재, 월악산(덕주골), 용문사, 명성산, 단발령을 연계시켜보면 금강산까지의 태자가 밟은 길을 그려볼 수 있다. 지리적으로도 이 노정이 무리가 아니고, 금강산까지 가장 쉽게 이어지는 길이 될 수 있으니, 태자의 눈물 어린 발자취를 추정하기는 어렵지 않다.

월악의 옛 이름은 월형산(月兄山)이다. 봉두에 그대로 좌정해 달 오름을 기다려 월악의 진면모를 볼까나? 월악에 돋는 달은 언제나 둥굴겠거니, 초하루 그믐이 따로 있을 리 없겠고, 여기서 맞는 산월(山月)이라면 하계의 홍진마저도 하얗게 털어 버릴 수 있겠고나. 월악의 야월(夜月)을 보기엔 아직 한나절의 시간이 이른 걸. 골에나 내려가 오늘 저녁을 기다리자.

월악의 봉머리를 이곳 사람들은 '영봉(靈峰)'이라 부른다. 영봉을 내려와 포암(布岩), 주흘(主屹)의 연봉을 마주하며 휘파람을 날리다 보니 어언 960봉에 이른다. 덕주골로 내리닫는 가파른 길이다. 벼랑길을 조심스레 돌아내리면 검은 이끼로 때깔조차 우중

▲ 송계계곡의 통행을 막아선 덕주산성

충한 자연석벽에 입불상이 우뚝 버티고 섰다. 보물 제406호인 덕주사(德周寺) 마애불이다. 본래는 덕주사 옛 가람이 자리하고 있던 터였으나, 6·25동란 때 국군이 작전상의 이유로 소각해 버려 지금은 깨진 기왓조각 부스러기만이 어지러이 흩어져 있다.

높이 14m의 이 마애불은 마의태자와 동행하던 덕주공주(德周公主)가 자신의 모습을 새겨 놓은 것으로 전해온다. 덕주공주는 경순왕의 딸로서 태자의 누이동생이 된다. 금강산 입산을 뜻하고 태자를 따라나섰던 공주에게는 멀고 먼 피세은일(避世隱逸)의 길이 힘에 겨웠을지도 모를 일이다. 그래 공주는 더 이상의 북향을 단념하고, 이곳 월악산 기슭에 남아, 불사(佛寺)를 도모하며 나라 잃은 회한을 달랬던 것이다. 덕주사, 덕주골의 이름이며,

미륵리 석불입상의 유래 등 인근의 여러 명칭이 공주와의 인연을 무언으로 일러준다.

신라 정권이 친고려 정책으로 기울어짐에 따라, 견훤은 경애왕 타도를 결심하고 상주 지방을 거쳐 영천(永川)에 집결하여 전격적으로 경주까지 밀고 들어왔다. 포석정에서 향연을 즐기고 있던 경애왕이 자살하고, 왕족인 대아손 김 부(金傅)를 왕으로 세우니 이가 곧 경순왕이다. 견훤의 힘에 의해 왕위에 옹립된 경순왕이지만, 그 역시 민심의 동향에 따라 고려를 가까이하고, 즉위 5년(931)에는 왕건을 경주에 초청하였다. 불과 50여 기(騎)의 호위로 신라 왕도를 방문한 왕건은 임해전(臨海殿)에 숙소를 정하고 은인에 대하는 후례를 받았다.

이때의 상황에 대해 춘원 이광수는 그의 소설 「마의태자」에서 다음과 같이 묘사하였다.

신라 조정은 벌써 백성에 대한 통치력이 상실되고, 군신이 다 같이 고려에 의지하여 스스로의 운명을 단념한 상태에 이르렀다. 뜻있는 자는 산이나 숲에 숨어 버리고, 시류를 알아차린 자는 혼자 살 도리만 생각하여 유벽한 산촌으로 숨어들었다. 그래서 혹 군사를 모집한다 하여도 와서 응하는 이 없고, 세납을 재촉해도 낼 생각을 아니하였다. 왕건이 온다는 선문(先聞)이 오자, 왕은 서악재까지 나가 마중하고, 백성들은 2월의 잔설에도 불구하고 남녀노소 할 것이 없이 거리에 나와 고려왕을 맞이했다. 나라 안이 온통 야단법석을 떨 때, 외기둥으로 버티던 상대등 유렴(柳廉)과 태자만이 한숨으로 세상을 탄할 뿐이었다.

경순왕 9년(935), 왕은 백관을 불러 모으고 나라를 고려에 귀부시킬 것을 말하였다. 태자의 간곡한 만류에도 불구하고 김봉휴를 고려에 보내 투항을 내용으로 하는 국서를 전달했다. 이에 왕건은 경순왕을 상부(尙父)로 대접하고, 그의 딸 낙랑공주를 아내로 삼게 하는 한편, 일천 석의 전록(田綠)과 경주를 식읍(食邑)으로 내렸다. 경순왕 9년(935)의 일이니, 신라 왕조는 56대, 992년의 역사에 종말을 고했다.

태자는 누이동생 덕주공주와 함께 대궐 협문을 빠져나와 유랑의 길을 떠났다. 하늘재에 이르러 신라의 고토를 마지막으로 바

▼ 보물 제96호 미륵리 석불입상

라보며 월악산 협곡을 스쳐 간 마의태자는 금강산 영원동(靈源洞)에서 초근목피로 연명하다가 일생을 마쳤다. 머리를 풀어헤치고 베옷을 입고 움막 속에 지내면서, 사람을 피하여 해가 뜨고 질 때나 일출봉과 망군대에 잠시 모습을 나타냈다고 옛 표훈사(表訓寺)의 노승이 전하는 얘기가 들려온다. 오늘날에도 금강산 삼성동(三聖洞)엔 태자의 애화 서린 용마석(龍馬石)과 무덤이 초라하게 남아 있다고 한다.

마의태자와 덕주공주의 비련을 다시 천 년 후에 되새기며, 덕주사를 일견하고 덕주골 마을로 발길을 옮기면 5분을 못 미쳐 개울물을 건너설 즈음에 덕주산성의 잔해가 눈에 띈다. 모전석의 덜 다듬어진 돌조각들은 허물어져 개울 쪽으로 굴러 떨어지고, 더러는 물을 건너는 징검다리가 되었다.

「동국여지승람」에 주위가 33,670척으로, 안에 샘 하나가 있었으나 폐하였다고 이미 적어 놓았다. 고기록에 따르면, 고려 말 몽골군의 내침 때 주본대사(朱本大師)가 충주, 괴산 지방의 젊은이들을 규합하여 덕주산성에서 의병을 일으켰다고 되어 있다.

물 흐름을 따라 내려가면 송계리와 덕주산성의 북문을 지나 미륵리로 통하는 남행길이다. 남쪽으로 마을을 벗어나면서 망폭대(望瀑臺)가 노송을 이고 있고, 망폭교를 건너서면 밭 가운데 무너져 버린 남문의 잔해가 몇 발자국 거리에 남아 있다. 이어서 반석을 타고 내린 물이 심연을 이룬 용추소(龍湫沼). 수정같이 맑은 계류, 옥양목 손수건으로 말끔히 닦아 놓은 듯한 마당석, 청적(青赤)의 무수한 암봉과 석벽, 그리고 온 산을 휘덮은 수해의 송림들이 용추소를 중심으로 그윽한 신비경을 이룬다.

그 옛적 마의태자가 스쳐 간 길을 오늘 이 산골나그네는 북에서 남으로 거슬러 밟는다. 덕주공주의 손길 서린 미륵사를 마지막 둘러보며 발길을 하늘재로 향한다.

▼ 마의태자 남매가 넘어온 하늘재

33 국치의 현장 남한산성

▲ 청량산 정상에 있는 항전의 본부 수어장대

장백의 주름이 치마폭처럼 흘러내려 작은 반도를 형성해, 수천 년 겨레의 터전이 되어 온, 이 산과 내(川)가 모두 우리의 젖줄이 되고 핏줄이 되지 않았던가. 거짓과 욕심을 모르고 살아온 이 민족, 하늘과 태양을 숭상해 언제나 밝은 광명을 쫓아 복되게 살아온 내 겨레, 때로는 외세의 노략질에 평화를 잃고 천혜의 강하에 피를 씻어야 했던 적이 헤아릴 수 없었다나, 오늘 수난의 역사를 회고하며 치욕의 현장을 찾는 나그네의 심회는 오르는 발자국 한 걸음 한 걸음이 가볍지 않다.

하남시 상산곡리 가래울 마을을 시작점으로 완만한 경사 길을 두어 참 오르다 보면 널찍한 길이 끊어지고 산길다운 오솔길이 나선다. 어느 해인가, 사교 집단이 은신해 세상에 물의를 일으켰던 기도원 터를 지나 해묵은 산밭 억새 숲을 가르면서 잡목이 밀립한 수림에 들어선다. 여기서 주봉인 벌봉에 올라서기까지의 30여 분 간은 남한산의 비경이 산심을 한껏 끌어당기는 아늑한 길이다.

▲ 남한산성의 동쪽 관문인 동문

아름다운 조국을 섬기게 된 행복감과 오욕의 전철을 번갈아 되뇌다 보니, 어느덧 발질이 벌봉에 섰다. 벌봉(52Om)은 남한산 주릉의 최고봉으로, 외성의 줄기가 비롯되는 정점이다.

벌봉에서 능선을 따라 0분 남짓에 허물어진 성문이 나타난다. 내성과 외성이 갈라지는 길목으로 내성은 온전한 형체를 유지하고 있으나, 외성은 대부분이 허물어져 등산로로 이용되고 있다.

흔히 북한산과 대 칭해 남한산으로 부르고 있으나, 본래의 산 이름은 청량산이다. 신라 문무왕 12년(672)에 산성을 구축하며 일장성, 주장성 명명하여, 산 이름을 일장산 또는 주장산이라고도 하였다. 이같이 여러 별칭으로 부르고 있으나, 오늘날의 국립지리원 지도에는 엄연히 청량산으로 표기되어 있어, 차제에 산 이름을 정확히 해 둘 필요가 있다.

남한산성의 역사적 배경이야 허다한 사실을 들추어낼 수 있겠지만, 5천 년의 유구한 역사에 국가적 치욕 남긴 병자호란의 현장이라는 점이 어느 역사적 사건보다 가슴을 찌르게 한다. 일찍이 찬란했던 우리 역사에 이토록 비통한 눈물을 뿌려야 했던 적이 그 몇 번이나 있었던고! 공전의 치욕이요, 절후의 비련이다.

명의 세력이 약화되는 틈을 타, 만주 대륙에서 판도를 넓히던 여진족 출신의 누루하치가 1616년에 정식으로 국호를 후금이라 정하고, 스스로 한(汗;皇帝)으로 즉위했다. 후금(후에 국호를 (청)으로 고침)의 등장은 인근 국가들에 위협적인 존재로 차츰 두각을 나타나게 되어 우리로서도 신경을 쓰지 않을 수 없었다. 그러나 광해군의 총명함은 명과 청, 양국과의 관계를 현명하게 병존해 나갔다.

그러나 인조반정 이후 조선의 태도가 급변하여 배청친명으로 기울기 시작했다. 이에 거슬림을 느낀 청으로서는, 광해군의 폐위와 인조 즉위의 부당성을 구실로 왕자 아민으로 하여금 3만 군사를 거느리고 조선을 치게 하였다. 이때가 인조 5년(1627)의 일로서, 이것이 곧 병자호란의 시작이다.

파죽지세로 남하해 오는 청군을 대항한다는 것은 조선으로서

▲ 성남에서 올라가면 남문을 통과하게 된다

는 보통의 무리가 아니었다. 인조는 강화로 피신하고 소현세자(昭顯世子)는 전주로 내려가, 강홍립을 강화 교섭으로 내세워 형제의 맹약을 맺고 겨우 청군을 퇴각시켰다.

병자호란 때 조선을 굴복시킨 청태종은 명을 토벌하기 위한 구원병 요청과 무리한 물적 조공, 형제의 맹약을 군신의 관계로 바꿀 것을 요구하며, 다시 트집을 걸어왔다. 용골대를 사신으로 조선에 보내 이의 요구를 강력히 내세우나, 명분론에 집착한 우리 조정으로서는 국서 조차 받지 않고 사신의 목을 베자는 주장이 앞섰다. 분위기가 이같이 험악해지자 용골대는 말을 훔쳐 타고 본국으로 돌아가 사실을 그대로 고함으로써, 인조 14년(1636) 청 태종이 직접 10만 대군을 이끌고 심양을 출발하여 압록강을 건너기에 이르렀다.

12월 1일 심양을 출발한 청군은 14일에 개성을 통과, 당일로 한양에 입성하였다. 척화만을 고집하던 탁상공론이 몰고 온 결과다. 의주 부윤 임경업이 굳게 방비하던 백마산성을, 적은 미리 알고 피해 질풍같이 우리의 국토를 초토화시켰다. 당황한 조정은 비빈과 봉림, 안평대군을 우선 강화도로 피신시키고, 왕도 곧이어 뒤를 따르려 했으나, 이미 강화도로의 길이 막혀 버렸다. 조정으로서는 화급했다. 이때 이조 판서 최명길이 나섰다.

"신은 지금 적진에 들어가 화평을 논하며 적의 행동을 늦출 테니, 그동안 남한산성으로 몸을 피하십시오." 최명길은 정세를 정확히 꿰뚫고, 평소 화해론을 주장하다가 역적으로까지 몰리며 탄핵마저 받은 인물이다.

인조는 최명길의 의견대로 수구문을 빠져 그날로 남한산성으로 향했다. 인조가 등극한 지 14년 동안, 두 번째 겪는 외침으로부터의 몽진이다. 남한산성으로 들어온 인조는 항전을 위한 채비를 서두르고 군마를 정비했다. 당시 성내의 우리 군사는 1만 3천 명에 불과하며 군량이라야 쌀 1만 4천 섬, 잡곡 3천 7백 섬이니 절약을 하더라도 50여 일 분의 양에 지나지 않았다. 성을 포위한 청군의 군세는 20만으로 불어나고, 한겨울의 혹한은 찬바람만 더욱 외로운 고성을 휩쓸고 지나갔다.

날이 갈수록 성내의 형편은 절망적이었다. 이 해에는 큰 눈도 유난히 많았고 추위 또한 극심해 인마가 얼어 죽거나 굶어 죽는 일이 비일비재했다. 성내는 땔나무가 부족하고 식량도 차츰 줄어들었다. 당시의 성안 사정과 전황이 '산성일기'에 사실적으로 묘사 되어 있다.

이때, 청태종은 인조가 친히 성을 나와 군문에 항복하고, 척화파의 주모자를 결박하여 보내라는 강압적인 서한을 보내왔다. 국왕이 친히 적의 군문에 나가 항복한다는 것은 일찍이 우리 역사상 전대미문의 일이었으나, 더는 다른 방도가 있을 리 없었다.

1월 30일, 인조는 남한산성에서의 항전 45일 만에 서문을 열고 산비탈을 내려와 삼전도로 향했다. 이날은 매서운 추위 속에 눈이 허리까지 쌓였고, 길은 얼어붙어 미끄러워, 인조는 넘어지고 무릎으로 기다시피 어마 한 필 없이 걸어서 내려왔다. 왕을 뒤따르는 신하들은 방성통곡을 하였고, 산천조차 삭풍에 슬픈 비명을 더욱 세차게 울렸다. 수만의 오랑캐 병사들의 경계 속에 단상에 올라앉은 청 태종, 인조가 얼어붙은 맨땅에 눈을 밟고 엎드려 네 번 절하고 아홉 번 고개를 조아리는 사배구고두(四拜九

▲ 인조가 투항의 발길을 나섰던 서문

叩頭)의 항복의 예를 올림으로써 병자호란은 끝을 맺었다.

조선은 청에 대하여 군신의 예를 취하고. 명과의 교통을 단절할 것, 세자와 왕비 및 대신들을 청에 인질로 남길 것, 매년 성절 동지의 명절에 사절을 보낼 것, 내외 제신과 혼인을 맺고 화호를 굳게 할 것, 성벽의 증축을 마음대로 하지 말 것, 황금 1백 냥, 백은 1천 냥 등 세폐를 조공으로 바칠 것 등등, 11조에 달하는 요구조건이 항복 문서의 내용이었다.

창황했던 참상을 회고하고 비분을 되씹으면서 초입의 연당으로 발길을 거슬러 오른다. 원래는 3개의 연지로 되어 있었다고 하나, 현재는 지수당 정자가 있는 하지와 상지만 남았다. 연당 위편에 병자호란 기록화 전시관이 민족의 도장으로 건립되어 있으나, 휴일인 관계로 굳게 닫혀 있다.

전시관 맞은편 산기슭에 외롭게 떨어져 있는 현절사에 3학사의 충절을 모시고 있다. 홍익한, 오달제. 유집 3인은 심양에 잡혀가서도 끝대 굴복하지 않고, 세자가 보는 앞에서 장매를 맞고 숨진 인물들이다.

현절사 서북쪽으로 노목의 느티나무 몇 그루가 아름을 두른 속에 연무관이 위치한다. 숙종 친필의 현액이 걸린 연무관은 병자호란 이후 효종(봉림대군)이 청에 대한 북벌을 계획하며, 군사들에게 무예를 익히던 호국정신이 깃든 도장이다.

▲ 수도 서울을 조망할 수 있는 성둑길

삼과정, 영춘정, 영월정을 일견하고 수어장대로 오른다. 청량산의 정상 봉두에 흘립한 일명 서장대, 남한산성의 대표적 표상이 되는 유적으로, 넓이 40여 평의 고색창연한 2층 누각이다. 애초에는 단층 누각으로 서장대라 불리던 것을 영조 27년(1751) 유수 이기진이 왕명으로 2층 누각으로 올리고, 안쪽에는 무망루, 바깥쪽에는 수어장대라 이름 하였다. 무망루라 함은 병자호란의 시련과 8년 만에 귀국한 효종의 복수심을 잊지 말자는 교훈적 의미이리라.

수어장대에 올라서면 팔방의 시야가 무제로 잡힌다. 특히나 성벽 아래 전개되는 송파 지역의 광활한 들판과 굽이를 틀고 번뜩이는 한강의 줄기가 일품의 장관을 이룬다. 성둑을 따라 내려와 서문을 빠져, 분루를 삼키며 항복의 길을 나섰던 인조 대왕의 발자취를 더듬어 삼전도로 향한다. 마지막 발길이 닿은 곳은 삼전도비다.

정식 명칭은 대청황제공덕비로서, 김상헌이 심양으로 잡혀가던 인조 17년(1639)에 세워졌다. 원래는 한강 변 삼전도에도 위치했으나 청일전쟁 때 매몰되었던 것을 고종 32년(1895) 다시 세웠다가, 국치의 기록이라 하여 자유당 시절 버려져 오다 현 위치에 세우는 등, 몇 차례의 수난을 거듭했던 대리석 비석이다. 앞면은 만주어와 몽골어로 기록되었고, 후면은 한문으로 청 태종의 공덕을 내용으로 하고 있다.

▼ 북벌을 꿈꾸며 군사들을 훈련시켰던 연무대

패배와 오욕의 역사도 우리 것일진대, 수난의 현장을 역사의 산교육장으로 활용함으로써, 후세들에게 역사적 의미를 되새길 수 있도록 해야 함이 우리의 당연한 의무다.

국제 정세에 눈이 어두워 외교를 등한시하고, 내정은 국론을 통일시키지 못하고 고루한 명분만 따지는 공리공론이 국가의 안위를 위태롭게 한다는 교훈을 오늘의 우리로서는 한시도 소홀히 해서는 안 된다.

자주국방은 이론만으로 되는 것은 아니다. 위정자는 현명한 지혜로 국제 사회의 변화에 민감하게 대처해야겠고, 백성은 국정에 대한 신뢰와 국토애를 가지고 내 땅의 풀 한 포기 흙 한 줌조차 소중히 여기는 마음가짐이 있어야 한다. 순간의 그릇된 판단과 안이한 사고가 온 나라를 폐허화시키고 민족을 도탄 속에 쓸어 넣는 역사의 전철을 되풀이해서는 안 된다. 국력이 약해질 때는 반드시 외침에 시달리게 마련이다. 슬픈 역사의 한 토막을 회고하며 삼전도비 한 바퀴 돌아보고 역사의 나그네는 발길을 돌린다.

34 단종의 유배지 영월

▲ 서강 물길이 굽이쳐 흐르는 청령포 절경

예부터 평창, 정선, 영월을 일러 산다삼읍(山多三邑)이라 했거니와 보이느니 태산이요, 준령뿐이다. 고래로 지세가 험해 이남의 삼수갑산(三水甲山)이라, 기험한 산맥으로 광산이 일찍이 개발되어, 도로는 원활하지 못하나 철도가 생기면서 이 지방 나들이가 가능해졌다. 영월팔경을 노래한 이 고장 민요의 한 토막을 읊조리며, 단종의 체취를 찾아 영월 땅을 들어선다.

관문을 하직하니 공명이 부운이라
이 몸이 할 일 없어 영월 팔경 구경할제
을지산(乙指山) 올라가서 태화산(泰華山)을 바라보니
오색 단풍이 가경이요
계족산(鷄足山) 가자하니 금강(錦江)이 둘러 있고
독야청청 봉래산이 안개에 잠겼세라.

조선 초기의 왕권 쟁탈사에 비운의 희생물이 된 어린 임금 단종(端宗). 몇백 년의 세월에도 평생에 그리던 한양 궁성으로 귀환하지 못한 채, 아직껏 오백 리 적지에서 떠도는 외로운 원혼을 추모하며 그의 이거에 따라 차례대로 더듬어 간다.

영월역을 시작으로 좌우의 촌경을 완상하며 시간여를 걸으니 미루나무 숲이 늘어선 강나루에 이른다. 영월팔경의 으뜸인 청령포다. 자갈밭과 백사장이 길게 펼쳐지고, 군데군데 원색의 텐트가 눈에 띈다. 강물은 서북으로부터 커다란 굽이를 이루며 급류로 흘러내려 와 한 바퀴 소용돌이를 만들고 잠시 속도를 늦추어 유유히 흘러간다. 오대산에 원류를 둔 물줄기가 평창강을 거쳐 청령포에 이르러서는 서강(西江)을 이룬다. 도도히 흐르는 서강의 청파는 예나 지금이나 말이 없건만, 강변을 나는 물새들의 울음소리는 처량함과 애상감을 더해준다. 바닥의 은모래가 보일 만큼 수정 같은 물길이 질펀하게 흘러간다. 힘껏 달려와 건너뛰면 한 발이 저편 육육봉(六六峰)에 닿을 것도 같다만, 어린 단종에겐 강

물이 얼마나 원망스럽고 애달팠을까?

청령포의 첫인상은 지난날 애처로운 사연으로 얼룩진 단종의 유배지라기보다는, 차라리 속세를 떠난 왕가의 은거지라는 표현이 제격에 맞을 법하다. 그러나 이 어이 불충부덕(不忠不德)한 망상이더냐! 단종이 어리지만 않았었던들 왕관의 덧없음을 헤아릴 수 있었고, 인생을 깊고 폭넓게 관조할 수 있었던들 청령포 유폐생활은 수인(囚人) 아닌 은자(隱者)의 나날이 될 수 있었을 것을. 이 같은 나그네의 감상도 한순간의 회포일 뿐이다. 이곳에 있는 금표비문의 서릿발 같은 매서움은 한 맺힌 왕조사를 뚜렷이 일깨워준다.

東西三百尺 南北三百九十尺. 崇貞九十九年 丙午 十月日立'

▲ 단종의 행동반경을 제한한 금표비

노산군으로 강봉된 단종이 이 청령포에서 동서로는 삼백 척을, 남북으로는 삼백구십 척을 벗어날 수 없다는 이른바 행동반경을 제한하는 금지령 팻말이다. 위치상으로 동 남북 삼면이 서강으로 막혀 있고, 배후 면엔 암벽이 수십 길로 버티고 서 있어 몸 한번 제대로 움직이기 어려운 좁은 공간이다. 이 협소한 터에 가두어 놓고 금표비까지 세워두었다니. 왕권에 눈이 어두워 연소한 조카를 내팽개친 세조의 몰인정과 함께 불운한 임금 단종의 애련함이 나그네의 애끓는 가슴을 촉촉이 적셔준다.

오솔길 숲 속을 따라 50m 사이에 비각이 외로운 모습으로 남아 있으니, 바로 이 장소가 홍수에 관풍헌으로 옮기기 전까지의 단종 거처다. 서강 상류 관란정(觀瀾亭)에서 생육신의 한 사람이었던 원호(元昊)가 표주박에 밥을 담아 흘려보내면, 단종이 이를 받아먹고 문안 편지를 빈 그릇에 다시 담아 띄웠다고 한다. 그러면 물길이 역류하여 단종의 소식을 전해주었다는 야화가 구전되고 있어 가슴이 뭉클해져 온다.

▼ 청령포 송림 속의 단종 어소

영월역에서 강을 가로질러 시내 쪽으로 들어서면 나지막이 누워 있는 야산이 강안에 걸쳐 있다. 이름하여 봉래산. 산 이름 그대로 삼신산(三神山)은 못 되더라도, 울울한 녹음과 뒤로 중첩한 산세들에 포근히 안긴 양이 아름다운 전설이라도 서려 있을 법하다.

풀어헤쳤던 가슴을 여미고 행장을 수습하여 경건한 마음으로 풀 길을 오른다. 봉래산은 읍 시가지 동쪽에 위치하며, 멀리 가리왕산에서 발원하는 물줄기가 천렵 터로 유명한 어라연을 거쳐 영월에 이르러 동강(東江)을 이루며 산 밑을 흘러간다. 천애의 암벽 강안을 따라 금강정과 민충사, 낙화암이 나란히 이어져 있다.

금강정은 본래 세종 때 영월 군수로 있던 김복향이 세워, 강 이름을 따서 명명했다고 한다. 비단을 펼쳐 굽이를 들렀기에 금강이라 했을 법하다. 마루에 앉아 탁 트인 전경을 조망하는 멋이 가히 일품이다. 태백 방향으로 빠지는 철길이 저만큼 산모퉁이를 감싸며 자취를 지우고, 역을 중심으로 한 시가 일부가 화평한 촌읍의 정취를 더한다.

금강정 뒤편에 위치한 민충사는 단종의 죽음을 애통해하며 낙화암에서 몸을 날린 시녀 6인의 충절을 기리는 사당이다. 오랜 세월 동안 풍상에 시달린 탓인가 단청은 잿빛으로 퇴색하고, 문짝은 잠겼으되 반은 부서진 상태다.

민충사에서 수십 보를 올라가면 단애의 바위가 길을 막는다. 이곳 낙화암, 절벽에 서서 동강을 굽어보자니 등골이 섬뜩해져 몸부터 젖혀진다. 시종으로서 죽음을 아끼지 않고, 한 잎 두 잎 붉은 꽃을 공중으로 날리며 떨어져 간 우리네 여인상을 회상하고, 세월의 무상함이런가, 인생의 덧없음인가 무엔지 깊숙이 가라앉는 애상감을 감출 길이 없다.

'낙화암(洛花巖)' 표석을 짚고 역사의 뒤안길을 헤쳐 보니, 비정한 인간세사가 적이 한스럽고 어둡기 그지없다. 여섯 명 시녀의 여한을 뿌리치지 못해, 충혼을 위로코자 1955년 읍민들이 순절비를 세워 후면에 사실(史實)을 음각하여 길이 후세에 전하는 지성을 베풀었다.

李朝 端廟駐畢寧越 丁丑十月十四日 天命不休 奄遭昇遐……
青史千秋不朽舊址不變 立碑表忠.

활터를 돌아 향교 건물을 거쳐 시가로 접어들어 관풍헌과 자규루로 향한다. 영월에 소재하는 대다수의 유적이 단종의 비운에 연결되는 것들이라, 어느 것 하나 대수로이 보아 넘길 수 있으랴만, 관풍헌은 단종이 사약을 받고 승하하신 최후의 장처가 된다.

단종은 1441년(세종 23년) 문종의 아들로 태어나 8세에 왕세손이 되고, 10세에 세자로 책봉되었다가 부왕이 신약(身弱)하여 불과 재위 2년 만에 세상을 떠나니, 12세의 어린 나이로 왕위에 올라야 했다.

그러나 단종 즉위년에 좌의정 정창손, 이조 판서 한명회, 권남 등에 의해 보필지신들이 제거당하고 수양대군이 친히 영의정에 올라 실질적 병마 대권을 잡게 되니, 이 사건이 계유정란(癸酉靖

亂)으로 1453년의 일이다.

실권을 한 손에 장악한 수양은 이어 위압으로 단종을 폐위시키고 왕위를 찬탈하여 세조가 되니, 단종은 재위 3년 만에 물러나고 말았다. 왕권의 정통성을 보전하고 충신불사이군(忠臣不事二君)의 대의를 명분으로 성삼문, 박팽년, 유응부 등이 중심이 되어 단종의 복위를 모의하다, 김질의 배반으로 참형을 당하매, 세조 원년의 일로 이들이 세칭 사육신 충신들이다.

이에 단종은 노산군(魯山君)으로 강봉되어 영월로 추방되고 비련의 최후를 맞을 때까지 애달픔을 간직한 채, 영영 불귀의 길을 떠나게 되었다. 그해 가을 금성대군이 경상도 순흥에서 다시 단종의 복위를 꾀하다 발각되어, 노산군은 서인 신분으로 폐출되고 말았다, 간악한 인간의 매몰함은 세조로 하여금 끝내 사약을 내리게 하여, 10월 스무 나흗날, 단종은 한과 원으로 응어리진 채, 천수를 다하지 못하고 17세의 약관으로 왕권 피탈 2년 만에 관풍원에서 생의 막을 내렸다.

▼ 단종을 호송한 금부도사 왕방연의 시조비

단종이 첫 유배지 청령포(淸泠浦)에서 관풍헌 객사로 옮겨져 죽임을 당하게 된 것은, 당시 청령포 일대에 홍수의 범람이 있었기 때문이었다. 나이 어린 몸으로 천 리 타관에 귀양 와서, 다시는 돌아갈 수 없는 한양 땅을 그리는 답답한 심회를 짝해줄 이 뉘 있으랴. 관풍헌 인근 자규루에 올라 자신의 외로운 신세를 한 편의 '자규사(子規詞)'로 읊었으니, 전편이 누각에 기록되어 있다. 자규루는 본래 매죽루(梅竹樓)라 하였으나, 단종께서 자주 누에 올라 자규시까지 지었다 하여 후인들이 자규루라 고쳐 불렀다.

두견새 슬피 우는 달 밝은 밤에
수심을 안고 누각에 기새었노라
피나게 우는 네 소리, 내 듣기 쇠롭구나
네 울음 없으면 내 시름도 없을 것을
이 세상 괴로움 많은 사람들아
춘삼월 자규루엘랑 오르지 마소.

읍에서 서쪽으로 5리쯤 달리면, 창절서원을 지나 을지산 기슭 장릉(莊陵)에 당도하게 된다. 장릉은 슬픈 사연만으로 얼룩진 단종대왕의 능이다. 단종의 주검이 냇가에 버려졌으나 후환이 두려워 아무도 거두는 사람이 없더니, 영월 호장 엄흥도(嚴興道)가 야음을 틈타 몰래 시신을 거두어 메고 을지산 기슭으로 내달렸다. 엄흥도가 관을 메고 산 중턱을 올랐을 때, 어둠 속에 짐승 한 마리가 움직이지 않고 앉아 있었다. 엄흥도는 겁에 질려 식은땀으로 등허리가 젖었으나 살며시 다가가 확인해 보니 한 마리의 노루였다. 그리하여 그 자리가 하늘이 점지하신 명당이라 생각하고 시신을 평장으로 모셨다. 엄흥도는 문책이 두려워 아들과 도망했고, 이후의 행적에 대해서는 알려진 바가 없다. 다만 계룡산 동학사에 그의 위패가 봉안되어 있을 뿐이다.

▲ 을지산 기슭 단종의 유택 장릉

◀ 동강변에 있는 낙화암 순절비

비극의 주인공 단종은 사후에조차 서울로 환도하지 못한 채, 왕비 정순왕후(貞順王侯)의 사릉(思陵)과는 수백 리를 격해 이역 영월에서 내내 고혼으로 머무는 것이다.

정순왕후는 여산 송(宋)씨로 여량부원군 현수(玹壽)의 딸이다, 단종 2년에 왕비로 책봉되어 이듬해 의덕왕대비가 되었으나, 세조 3년 단종이 노산군으로 강봉될 때 부인(夫人)으로 함께 강봉되었다. 단종의 영월 유배 이후로 영영 상봉을 못하고 통한의 일생을 끝마쳐, 현재는 경기도 퇴계원 사릉에 머물면서 혼백이나마 단종과 해후를 기다리고 있다. 그 후, 중종 11년에 이르러 노산군 묘를 찾으라는 왕명이 내렸고, 숙종 때 노산군을 대군(大君)으로 추봉, 묘호(廟號)를 단종으로 복위시킴과 동시에 묘를 장릉으로 역시 추봉하게 하였다.

현종 때 우의정 송시열이 건의하여 엄흥도의 자손을 관직에 등용하였으며, 영조는 엄호장에게 공조 참판을 추증하고 제문을 하사하여 정문(旌門)을 세우는 한편, 창절서원에 신주를 모시도록 했다.

장릉은 사적지 제196호로 지정되어 있고, 능 입구에 엄흥도를 기리는 충신비가 있다. 오늘날엔 매년 청명일에 한식제를 올리고 1967년부터 단종제(端宗祭)를 성대히 거행해 전 읍민들이 단종을 추모하고 있다.

35 두륜산과 서산대사

▲ 조계종 22교구 본사 대흥사

백두대간이 반도의 서남으로 굽어 흘러내리면서, 속리, 덕유, 지리의 준봉들을 뛰어넘어 극남의 땅 해남에 이르러 마지막 정기를 모두어 빚어 놓은 산이 두륜산(頭輪山)이다. 무등, 월출과 더불어 산가의 작은 계보를 이루면서 바다를 향해 발치 끝으로 달리는 두륜의 형상은, 뭍을 마무리하는 막내둥이의 버팀이 차라리 애처로움마저 느끼게 한다.

두륜산의 옛 이름은 두륜산((頭崙山) (백두산(白頭山)의 '頭'와 중국 곤륜산(崑崙山)의 '륜(崙)'을 떼어 '頭崙'))으로 불리다가, 후에 '頭輪'으로 변천 표기되었다. 일명 대둔산(大芚山)으로도 불리었으니, '한듬' 즉 '큰 봉우리'의 뜻이 된다. 어쩌다 산과 인맥을 들추다 떠오른 것이 서산대사와 표충사였기에, 서산의 유흔을 더듬어 일렁이는 바람과 함께 남도행에 나섰다.

서산대사는 임진왜란의 병화에 의승군을 이끌고 국권 수호에 헌신한 인물이다. 평안도 안주에서 전주 최씨 세창(世昌)의 아들로 태어나 선비 가문에서 글을 배우며 자랐다. 법명은 휴정(休靜), 호는 청허당(淸虛堂)이다. 서산(西山)이라는 법호는 그가 묘향산을 본거로 산사의 생활을 주로 했던 데서 비롯된 것이다.

서산대사가 두륜산과 인연을 맺은 것은 소년 시절 진사시에 낙방하고 호남의 산수를 유람하면서 시작되었다. 삼남 지방 기행은 그에게 있어서는 곧 출가의 직접적인 계기가 된다. 어려서 부모와의 사별로 슬픔과 허무를 느끼게 되고, 생명의 불멸을 동경하는 희원이 또 다른 동기가 되었는지도 모른다.

서산대사는 일찍이 두륜산과 대흥사를 가리켜 '삼재불입지처'라고 지적했다. 북으로 월출산이 하늘을 떠받드는 기둥이 되고, 남에는 달마산(達磨山)이 지축에 연결되어 있으며, 동서에는 천관산(天冠山)과 선은산(仙隱山)이 대치하고 있으니, 바다와 산이 이곳을 둘러싸 안고 있는 데다 골짜기 또한 깊고 그윽하여 만세의 땅이라 하였다.

서산의 예지대로 임진왜란과 6·25의 전화 속에서도 대흥사에 재해가 없었고, 두륜산 골짜기에 왜군이나 공비의 출몰이 없었다 하니, 삼재불입의 영지를 헤아린 대사의 성령이 그저 외경스러울 뿐이다.

청신암(淸神庵)에서 개울을 끼고 오르다 보니 10분도 못돼 물을 건너 오솔길을 들어서게 된다. 하늘이 막힐 정도의 우거진 숲길은 초저녁 그늘처럼 어둑하고 축축하다. 이정표나 방향을 나타내는 표지판도 하나 보임이 없고, 그저 쭉쭉 뻗은 잡목의 훤칠한 키 자람이 잃어버리지 않을 만큼 길을 터준다.

동백나무를 주종으로 산죽이 무성하다. 굵직한 바위들이 앞을 막고 돌아가란다. 자주 내린 비 탓인가, 밀림을 뚫고 가는 길바닥은 흥건한 물로 미끄러지기가 일쑤다. 젖은 나무 등걸을 밟다가 한바탕 곤두박질로 팔뚝에 핏자국만 남겼다. 대흥사 출발한 지 40분여에 진불암(眞佛庵)에 이르러 청량한 석간수로 해갈한다. 구름다리까지의 중간 지점이다.

▼ 대흥산 남쪽 두륜봉 안부에 있는 구름다리

대둔사지(大芚寺誌)를 보면 「백운대가 곧 두륜봉의 정상이다. 양편에 바위가 대립하여 그 사이가 10여 보가 되고, 그 높이는 백 길이 된다. 바위 위로는 돌 하나가 가로 놓여 있어 다리를 이룬다.」고 기록되어 있다. 두륜봉이 구름에 휩싸여 천계(天界)를 이루는 날, 발아래 흘러가는 구름을 딛고 올라 보면 가히 선경을 실감할 법하다. 구름다리를 건너서 널찍한 평반석이 두륜봉의 정상 백운대다. 연화봉, 대둔봉으로 이어지는 능선 초원길이 쇠잔등인 양 매끈하게 내리닫고, 남으로 완도를 비롯한 다도해의 무수한 섬들이 아름다운 그림으로 한 아름에 안긴다.

활시위 모양으로 굽어 휜 수평선이 가뭇거리고, 그 광활한 품안에 둥실둥실 떠도는 푸른 섬은 차라리 조각배의 떠다님이라 해도 좋다. 한 자리에 서서 동과 서로, 남과 북으로 번갈아 두리번거리면, 겹겹이 내륙의 연산과 점점이 뿌려놓은 남해 바다의 섬 경치가 대조를 이룬다. 지리나 설악의 봉우리에서 망망의 운해를 보는 감회, 그것은 역시 환상의 바다 풍경일 따름이나, 여기 두륜봉의 다도해 조망은 그대로 현실의 가경임에 틀림이 없다.

두륜봉에서 구름다리 밑을 빠져 남쪽 비탈면으로 산허리를 안고 돌면 노승봉과 가련봉으로 연결되는 안부에 이른다. 널찍한 초원의 안부에서 대흥사 방향으로 접어들면 줄곧 내리막길. 진불암으로 오르던 길에 비해 완만하고 편하다. 절반을 넘게 내려왔다고 생각되는 곳쯤에서 나무 장승을 만나 잠시 발길을 멈추고 쉰다.

한적한 숲길, 외진 고갯길 돌무더기에 묻혀 산을 오르고 고개를 넘는 이들을 맞고 보내는 한 쌍의 장승은 비바람에 일그러져 비스듬히 기울어져 있다. 험상궂은 인상으로 성난 표정을 짓는 천하대장군, 애써 웃어 보이려 붉은 입술을 일긋거리고 눈망울을 굴리는 지하여장군의 모습엔 천만 년의 비밀스러운 우리네 마음이 숨 쉬고 있다. 장승은 동구 밖이나 고갯마루에 세워져 마을을 지키는 수호신 구실도 하고, 무서운 얼굴로 잡귀의 침입을 막는 벽사의 노릇도 하며, 때로는 도로변에 서서 이정표 구실도 하는 것이다. 또 사찰에서는 경내를 표시하는 경계 판이 되기도 했다.

장승의 모습엔 어느 한 곳에도 꾸밈의 흔적이 없다. 자연 그대로의 나무를 잘라내어 적당히 눈을 조각하고 코를 새기고 귀를 만들었다. 잡귀가 질겁할 무서운 얼굴을 그려 넣었지만, 본디부터가 유순한 장승의 마음은 눈을 부라려도 순박함이 감도는 표정일 수밖에 없다. 장승을 새기는 마음은 복잡함을 멀리하는 단순이며 꾸밈을 멀리하는 소박함이다. 그것을 파고 새기는 끌이며 자귀며 연장 자체가 소박한 민중의 도구들인 것이다. 장승의 표정에서 우리네 선조들의 미소를 느끼게 되면, 장승은 단순히 괴이한 나무 조각이 아니고 우리 민족의 성정이 깃들인 하나의 예술 작품이다.

민중의 마음을 새겨 넣은 그것은 바로 우리의 종교가 되었고 믿음이었다. 문명의 그늘에서 사라져 가는 장승의 운명처럼 우리의 소박한 심성도 차츰 메말라가고 있나 보다.

시장기를 훨씬 넘기고 대흥사로 다시 내려왔을 땐, 오후 해가 벌써 서천으로 서너 발쯤 기울고 있었다. 표충사의 현판이 되는 호국문에 들어서면 서산대사의 영정을 모신 당우가 자리하고, 뜰 안에 표충비각과 서 산대사기적비(紀積碑)가 보인다.

▲ 추사 김정희의 필적 무량수각

▼ 도총첩으로 삼는다는 교지 보물1357호

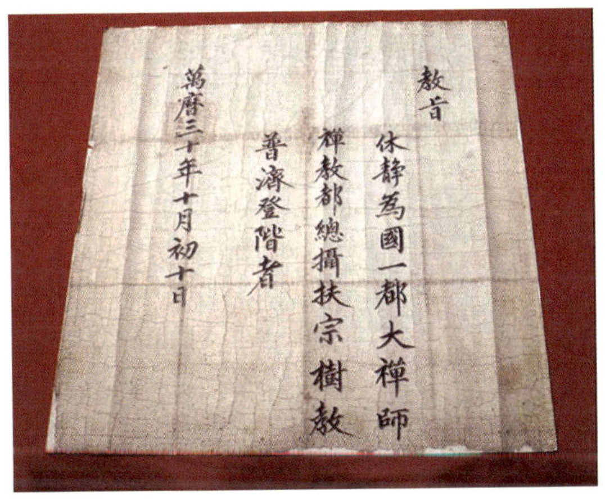

教旨

休靜爲國一都大禪師

禪教都總攝扶宗樹教

普濟登階者

萬曆三十年十月初十日

표충사는 지방 기념물 제19호로, 정조 22년(1788), 왕명에 의해 임진왜란의 구국승인 서산과 그 제자 사명, 처영 3종사의 진영을 봉안하기 위해 건립된 사액 사당이다. 현판의 당명은 서산의 행적을 찬양한 서문과 함께 정조의 친필로 전해진다.

대흥사는 임진왜란 때 서산대사 휘하의 승군총본영으로 쓰였던 곳이다. 왜군의 침공으로 선조 대왕이 의주로 난을 피하게 되자 서산은 부름을 받고 묘향산에서 나와 전국 사찰에 격문을 보내 제자들에게 의승을 이끌고 진충보국할 것을 역설했다. 당시 서산의 제자로서 조선 불교 중흥의 대업을 담당하고 있던 고승이 70여 명이나 되었으니, 이들을 활용해 일거에 승군 5천 명을 모아 평양에서 관군을 도왔다. 서산의 제자로 사명은 강원도 금강산에서, 처영은 전라도 지리산에서, 해안(海眼)은 경상도에서, 영규(靈圭)는 충청도에서 각각 승군을 일으켜 스승인 서산을 돕고 나아가서는 위급에 처한 국가를 구하기 위해 총력을 다 하였다.

배불숭유 정책으로 승려들의 핍박당함이 크고 많았으나, 승려 본래의 구도적 수업을 떠나 살생의 길인 싸움터에 나간 것은 오로지 백성을 도탄에서 구하며, 백성의 평안은 또 국가 사직의 온전에 있다고 믿었기 때문이다. 73세의 고령으로 평양 탈환에 승군을 직접 지휘하여 큰 공을 세운 서산은 선조의 총애와 팔도선교 도총섭(八道禪教都總攝)이라는 최고의 승직을 사양하였다. 그리하여 나이 많음을 내세워 군직을 사명에게 물려주고 묘향산으로 돌아가 국가의 안녕을 기원했다.

그러나 평소 불교 배척 사상이 강한 유신들은 의승으로 전공을 거둔 서산에 대해 시기하고 질투를 느꼈다. 국난 중에서 파쟁을 버리지 못하는 한심한 유신들의 비난과는 달리, 후원병으로 나온 명장 이여송은 승군의 충정에 감탄하여 송시(訟詩) 한 편을 서산대사에게 보내왔다.

공리(功利)야 생각없고
불도만 닦았고나
나라 일 위급하니
산을 내려왔도다.

묘향산으로 돌아온 서산대사는 이후 남북 강산을 두루 돌며 선종과 교종의 뿌리 깊은 대립을 통합하기에 힘쓰다가, 선조 37년(1604) 85세를 일기로 묘향산 원적암에서 조용히 입멸하였다.

▲ 표충사에 봉안된 서산대사의 영정

그 후, 국가에서는 서산과 그 제자들의 충성된 위업을 기리기 위해 각지에 사당을 세웠다. 사명당의 출생지인 밀양에 표충사를 세워 서산, 사명, 영규의 위패를 안치하고, 이어 서산의 유물을 보관하고 있는 해남의 대흥사에도 표충사를 세우게 했다. 정조는 또한 서산이 가장 오랫동안 머물렀던 묘향산에도 수충사(酬忠祠)를 세워 친서를 보내 서산을 기념하도록 하였다. 서산대사 유물관은 표충사 전면 좌측에 마련되어 비단 신발, 범라(소라나팔), 선조의 하사품인 금란가사, 정조의 하사품인 금병풍, 부모은중경 경판 등, 수십 점의 유품을 소장하고 있다.

후대의 사가는 서산을 가리켜 광활한 세상을 평온케 하고, 타락

한 승가의 기강을 바로잡은 스님이라고 말한다. 그것은 임진왜란 중의 뛰어난 활약상과 한국 불교의 숙원이던 선교 양종을 통합하여, 명실공히 단일 불교를 형성한 공로를 말하는 것이다.

서산의 사상은 그의 대표적 양대 저술의 하나인 선가귀감(禪家龜鑑)에 잘 나타나고 있다. 이것은 선승들을 깨우치기 위해 수행인으로서 지녀야 할 일상적인 행동을 규범하는 서산 자신의 말을 적어 둔 것이다. 문집 청허당집(淸虛堂集) 4권은 평생에 지은 사문을 모아 엮어둔 그의 유저(遺著)다.

▼ 오심재의 억새

36 독립기념관 유감(遺憾)

이런저런 인연으로 독립기념관을 들러볼 때가 더러 있다. 그럴 때마다 느끼는 나름대로 소회가 적지 않았는데 오늘 3·1절에 그 의미를 되새기며 혼자 중얼거려 보는 것이다.

'독립 기념관' 명칭에 대한 적지 않은 거부감이다. 이 같은 이름은 역사가 일천하고 문화와 전통이 미개했던 신생국들이나 사용이 가능한 용어다. 미국이야 독립 전쟁에서 승리하고 처음으로 국가를 건립하였기에, 독립 기념관이 마땅히 그들로서는 자랑스러울 수 있다. 제2차 세계대전 이후 독립한 여타 신생 국가들도 마찬가지다.

그러나 오천 년의 장구한 역사를 지닌 우리가 이러한 명칭을 사용했다는 것은 우리 역사에 대한 전면적 부정이요, 자기비하의 비굴한 자세로밖에 보이지 않는다. 우리 역사를 제대로 이해하지 못하는 외국인들의 눈에 과연 대한민국의 위상이 어떻게 비쳐질까? 제아무리 유구한 역사를 떠들어대도 그들에겐 중국의 속국이요, 일본의 식민지로밖에 달리 인식되지 못할 것은 자명한 일이다.

건립 당시 권력자의 무식과 과시욕으로 인해, 민족의 자존과 긍지를 추락시키는 결과를 낳고 만 셈이다. 진정으로 권력자 자신의 업적을 후대까지 남기고 싶었다면, 겨레 정신의 본보기를 위한 역사의 전당으로 삼고 싶었다면 이토록 무지하고 창피스런 이름의 유산만은 피했어야 했다.

▲ 독립지사 남강 이승훈 어록비

전시물이 일본 강점기로 한정되었다는 점도 그렇다. 물론 명칭에서부터 시대적 한계를 규정하고 있었기에 식민지 시대와 관련된 자료만을 전시했다고 강변할지 모르겠다. 일제 35년(36년이라 하는 것도 잘못된 표현이다)은 우리의 오랜 역사에 비하면 극히 짧은 기간으로 찰나와 같은 일부에 불과하다. 과거의 사실을 말살하고 부정하는 것도 역사 왜곡이지만, 일시적 현상을 확대해 마치 우리의 역사 전체가 식민 통치로 이어온 것처럼 오해시킬 여지가 있다. 이것은 치욕이고 또 다른 역사의 왜곡이다.

독립 기념관은 민족의 성지도 아니고, 그렇게 되어서도 안 된다. 역사의 수치(羞恥)를 그토록 꾸며놓을 하등의 가치도 물론 없다. 그 정도의 거대한 규모라면 차라리 '민족 역사관'으로 명칭을 바꾸어 반만년 역사를 집약해 보여 주는 것이 바른 역사관을 후세에게 가르치고 심어주기 위해서도 훨씬 도움이 될 수 있을 것이다.

엄연한 역사의 한 페이지인 일제 강점기를 감추자는 의견은 아니다. 그 넓은 터에 거족적 국민 성금을 모아 웅대한 건물을 지어놓고, 고작 진열된 내용물이 한결같이 일제로부터 고문을 당하거나 고통 받고 수난 받는 사진과 모형으로 가득 차 있는 걸 보면 민족의 나약한 모습만을 강조하는 것 같아 민망스럽기 그지없다.

▲ 독립기념관 전경

관람하는 사람들에게 민족의 자긍심보다는 일본에 대한 열등감이 선입견으로 작용할 위험이 있음을 느끼는 것이다. 왜 우리는 늘 일본보다 약하고 그들에게 당해야만 하는가, 일종의 체념과 굴종을 무의식적으로나마 안겨줄 여지가 크다. 실제 다녀온 학생들의 소감을 심층 있게 설문해 보면 민족적 자괴감이 훨씬 더 크다는 것을 듣고 놀라지 않을 수 없다.

바른 역사관을 가르치겠다는 본래의 건립 취지가 도리어 민족의 무기력과 소극적 역사관만을 강화시키는 결과가 되었다. 시간이 지날수록 관람자 수가 줄어든다는 것도 시설의 관리 면에 있기보다 명칭에서 오는 거부감이나, 관람 후의 허탈감 같은 심리적 요인이 작용한 탓일 수 있다. 명실공히 민족의 웅혼한 기상을 함양시키는 역사관으로 거듭나기를 오늘 희망해 보는 것이다.

내친김에 용산의 '전쟁기념관'도 명칭을 고쳐야 하지 않을까 여겨진다. 지난 한국전쟁은 동족 간의 혈투로서 역사의 비극이다. 후손들에게 자랑할 만한 사건이 아니다. 그렇다고 지워 버릴 수도 없는 엄연한 역사적 사실이다. 형제끼리의 싸움을 기념한다는 것은 난센스도 이만저만이 아니다. 그런 의미에서 객관적인 명칭 '전쟁 유물관' 정도가 어울리지 않을까 자문해 본다.

37 「토지」의 무대 평사리

▲ 전통 사대부가로 복원된 평사리 최참판댁

섬진강 물줄기의 동쪽에 있다 해서 하동(河東) 고을. 백두대간의 신령한 기운을 마무리 짓는 지리산과 굽이굽이 흘러가는 청정 생태하천 섬진강을 생명의 강으로 삼고 이 땅의 모든 정기를 다 모두어 놓은 곳이 하동 땅이다. 뿐이랴, 십 리 벚꽃 화개동천에다 역마의 길손들이 스쳐 가는 만남과 이별의 장(場) 화개장터는 어떻고. 그 이름들만으로도 나그네의 여심이 훌훌 떠나간다.

더욱이 국조 단군을 모시는 삼성궁이며 옛 선인(仙人)들이 청학을 타고 구름 위에 모여 사는 도인촌 청학동, 전통차의 고향으로 차나무를 처음 길러낸 시배지, 임란의 풍전등화 위기에 국운을 지켜낸 노량 등등, 내 나라 내 땅의 온갖 역사와 민족혼의 상징물들이 모여 있는 곳일진대, 길 떠나기를 즐기는 이들치고 이곳 하동 지방을 찾지 않는 이 어느 뉘 있으랴.

여기에 또 하나 민족사적 소설 『토지』의 본고장으로 우뚝한 정점을 차지했으니 하동은 찾을수록 깊은 정과 아득한 향수를 느끼게 하는 그런 곳이다.

▲ 주인공 서희와 길상의 캐릭터

역사의 한이 깊이 서린 민족의 영산 지리산을 넘나들다가 구례를 지나면서부터 맑고 푸른 섬진강 줄기를 끼고 화개장터를 지나 하동(河東)의 악양을 찾아든다. 천왕봉에서 시작한 산줄기가 남쪽으로 뻗어 내리면서 형제봉(1,115m)과 통점재로 갈라져 삼태기 형상의 큰 골짜기를 이루었으니 이름하여 악양이다.

평사리는 섬진강에서 악양 골짜기로 들어가는 어구의 맨 첫머리로 우리 땅 어디서나 흔히 볼 수 있는 전형적인 농촌 마을로서 대하소설 『토지』에서 굴곡 많은 근대사의 생생한 현장으로 형상화된 공간이다. 도로변에서부터 시작하는 마을을 끼고 몇백 미터쯤 걷다가 다시 왼쪽 길로 들어서서 산자락을 타고 고샅길을 오르다 보면 상평마을 언덕배기 맨 끝집 위로 새롭게 지어진 최참판댁 가옥에 이르게 된다.

평사리는 가공의 무대로 설정된 작품 속의 마을이며 이 동네의 실제 지명이다. 작품 『토지』의 명성과 문학적 가치를 기리기 위해 하동군에서 애써 전통 한옥으로 사대부가를 재현해 놓은 것이다. 1만여 평의 널찍한 터에 한옥 열 채의 최참판댁과 삼십여 채의 초가로 이루어진 드라마 '토지'의 세트장을 갖추고 있어서 이곳 하나만으로도 훌륭한 문화유산이 되고도 남음이 있다. 규모의 웅대함은 물론이려니와 주인공 서희의 거처인 별당과 뒤곁에 초당까지 마련한 것은 또 하나의 새로운 명소를 더 보탠 셈이다. 더욱이 '평사리 문학관'까지 건립되어 악양, 아니 하동 지역은 근래 들어와 급속히 문향(文鄕)으로 자리를 굳혀 두었다.

▼ 참판댁에서 바라본 『토지』의 무대 평사리 무딤이뜰

박경리 선생의 작품『토지』는 5부 16권의 대하소설이다. 등장인물이 600여 명에다 원고지 분량만도 4만여 장. 1969년에 시작하여 위암 수술이라는 병고와 싸우며 1994년에 탈고하기까지 집필 기간만도 26년이 소요된 만큼, 작가의 온갖 문학적 열정과 혼을 담은 필생의 역작이다. 구한말에서 광복에 이르는 격변기의 시대적 상황을 배경으로, 최참판댁으로 대변되는 한 가문의 몰락해 가는 과정과 빼앗긴 땅을 찾기 위한 서희(徐姬)의 피나는 노력을 통해 근대사의 역정을 그린 한편의 민족 대서사시다. 또한, 생동하는 인물들의 뜨거운 형상을 통해 작가가 지닌 지극한 생명존중의 휴머니즘 결정체이기도 하다.

'토지'는 단순히 곡식을 가꾸어 명줄을 이어가기 위한 평사리 사람들의 농토만의 의미가 아니라, 누천년 삶을 이어온 우리 민족 생활의 터전이며 삼라만상을 낳아 키우는 생명의 원천으로 '대지(大地)'의 이미지이기도 하다. 동시에 이 땅에 깃을 틀고 살아가는 민초들의 원형적인 생활 현장이다. '토지'는 땅은 지주와 소작인이라는 신분과 질서를 구분 짓는 기준이며 국권의 상실로 인해 수난 받는 고달픈 겨레의 모습으로서 일제로부터 다시 찾아야 할 거룩한 우리 국토의 상징이기도 하다.

솟을대문을 나와 바깥마당에 서면 악양평야의 무딤이 들판과 평사리 마을이 한눈에 내려다보이고 그 너머로 섬진강 물줄기가 그림처럼 물빛을 반짝거린다. 평사리가 작품의 무대로 등장하게 된 것은 작가가『토지』를 구상하던 중에 불화(佛畵)를 전공하는 딸

▲ 평사리 사람들의 생명의 젖줄 섬진강

과 함께 쌍계사에 내려왔다가 잠시 이곳에 들러 조부자댁 건물을 보고 작품의 배경으로 설정할 생각을 굳혔다는 후일담이 전한다.

조부자댁 건물은 평사리에서 악양을 지나 2킬로미터쯤 더 들어가 정서리 상신 마을에 위치하는 평양 조씨(趙氏)의 종택이다. 작품 무대로서의 명성이야 최참판댁 건물이 들어서면서 빼앗겼지만, 예까지 먼 길을 찾아온 이들이라면 작품 『토지』 모태가 되는 조부자댁을 그냥 지나치지 말고 한 번쯤은 들러보는 것도 작품을 이해하는 데 도움이 될 것이다.

과거부터 전해 오는 것만이 단순히 문화유산은 아니다. 전래의 유적을 가꾸고 보존하는 것이야 더 말할 나위가 없을뿐더러, 이 같이 새롭게 의미를 부여하여 발굴하고 만들어 나가는 것도 또 하나의 전통 창조가 아니고 무엇이겠는가?

반만년 역사에 우리 땅 어디고 유서가 깃들지 않은 곳은 없다. 국토에 대한 지극한 애정만 있다면 얼마든지 역사의 현장을 찾아내고, 헤아릴 수 없이 많은 문학의 산실을 일구어낼 수도 있으며, 조상들의 숨결과 영혼이 깃든 소중한 명소를 가꾸어 나갈 수 있다. 이 같은 의미에서 평사리의 최참판댁 재현은 새로운 전통을 만들어가는 좋은 예가 된다.

▲ 섬진강변에 조성된 '토지문학공원'의 장승

박경리 선생은 1950년 한국전쟁 시 남편의 납북으로 외동딸만을 데리고 살아왔다. 시인 김지하는 바로 그의 사위다. 옥살이하는 김지하의 뒷바라지에 여념이 없는 딸을 돌보기 위해 원주 단구동으로 낙향했다가 흥업면 매지리에 '토지문화 재단'을 설립하여 그곳에서 평생 머물렀다.

몇 해 전 작품 『토지』의 대단원을 완결시켰던 단구동 '토지문학공원'을 거쳐 매지리를 찾았을 때는 노쇠한 건강에 감기까지 들어 별채에서 바깥출입도 삼가시더니, 지난 2008년 어린이날에

82세를 일기로 결국 영면하셨다.

▲ 고향 통영의 미륵도 양지농원에 모셔진 묘소

즐비하게 늘어선 조화(弔花) 가운데 『토지』의 고향 평사리 주민들의 이름을 보면서 한참이나 가슴이 먹먹해진 적이 있다. 그렇다. 『토지』는 우리의 기억 속에 깊이 각인될 민족의 소설이요 민중의 영원한 노래다. 마찬가지로 하동 땅은 우리 겨레의 정신적 고향이요 마음의 안식처로 길이 기억될 것임이 틀림없다.

38 묏버들의 여심(女心) 홍랑(娘)

▲ 홍랑을 기리는 시조비

묏버들 가려 꺾어 보내노라 님의 손대
자시는 창밖에 심거두고 보소서
밤비에 새 닢곳 나거든 날인가도 여기소서.

홍랑 그녀가 남긴 단 한편뿐인 애끊는 시조 작품이다. 그녀는 조선 중엽 선조 때 함경도 경성(鏡城) 출신의 기생(妓生)이다. 모든 기생의 생애가 다 그렇듯이, 홍랑 역시 타고난 신분의 굴레 탓에 여자로서의 작고 소박한 꿈도 펼쳐 보지 못한 채, 시대의 어두운 그늘에서 운명적인 삶을 한과 체념으로 마쳐야 했다.

삼당시인(三唐詩人) 최경창(崔慶昌)과의 짧았던 사랑은 너무도 애절한 순애보다.

최경창 그의 호는 고죽(孤竹)으로 전라도 영암에서 태어나 문장과 서화에 일가를 이루었던 인물이다. 선조 원년(1568)에 등과하여 북도평사로 변방인 경성에 와 있을 때, 홍랑과 고죽은 서로의 고독과 애정을 문학과 풍류로써 함께 나누었다.

신분의 차이로 이루지 못할 사랑을 홍랑의 가슴에 새겨놓고, 일년 만에 훌쩍 서울로 떠나가 는 임을 영흥까지 배웅하고 함관령에 이르렀다. 저문 날 흩뿌리는 빗줄기를 맞으며 기약할 수 없는 이별이 안타까워 묏버들 가지를 꺾어 자신의 지순한 사랑을 전해야 했다.

헤어짐의 아픔과 주체할 수 없이 흐르는 눈물이야 어찌 없을까마는 어느 한 구절 원망의 하소연이나 몸부림의 흔적이 보이지 않고, 애써 슬픔을 지긋이 억누르며 정표만을 조용히 건네는 청순함이 오히려 고결하게 느껴진다.

우리네 전통적 여인들의 사랑은 이토록 은근하고도 절제의 미가 있다. 슬프되 지난한 감정을 드러내지 않는 애이불비(哀而不

悲)의 간접적 표현이 한껏 승화된 애정관으로 차원을 높이고 있는 것이 아닌가.

기녀(妓女)들의 작품을 대할 때마다 애잔하게 들려오는 그 슬픔의 가락들이 세월을 뛰어넘어 언제나 안개처럼 피어오르는 아련한 여운을 남기곤 한다. 그래 오늘은 사오백 년을 거슬러 홍랑의 흔적을 더듬어 휘적휘적 찾아 나선다.

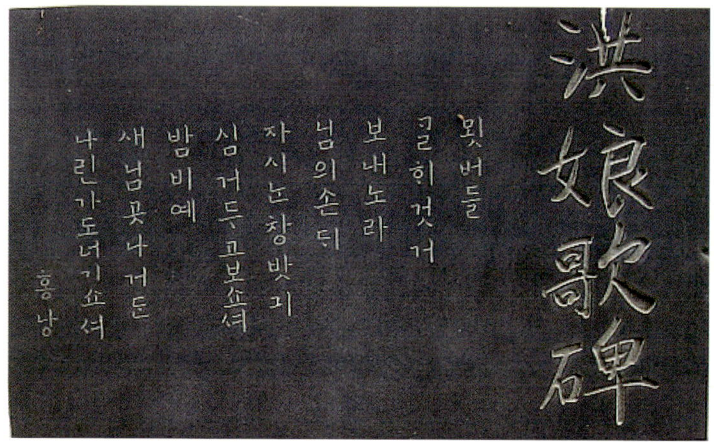

▲ 시조 '묏버들……'이 적힌 앞면

▼ 뒷면에는 고죽 최경창의 한시를 적어 두었다

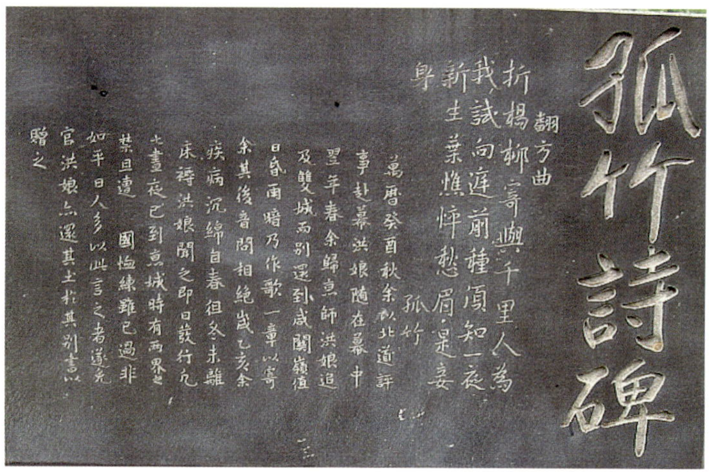

그녀의 묘소는 경기도 파주시 교하면 다율리에 있다. 한강의 흐름을 왼편으로 끼고 자유로를 달리다 보면 일산 신도시를 훨씬 지나 너른 들판에 저 홀로 우뚝한 봉우리, 삼학산의 청청한 모습이 보인다. 일산을 스치고 나면 금시에 저만큼 오두산 통일 전망대가 한눈에 들어오고, 다시금 들판이 펼쳐지면서 이곳이 이름하여 교하(交河). 한강과 임진강 두 물줄기가 교차된다 하여 붙여진 지명이렷다.

오른쪽으로 방향을 돌려 좁다란 포장길을 잡아들면 면 소재지로 가는 길이다. 낮은 구릉을 넘어 삼거리에서 좌회전을 하면 바로 청석초등학교가 있는 곳이 다율리. 이곳까지도 개발의 바람이 불어왔는가, 사방의 농지와 산들이 파헤쳐지고 곳곳에 부동산 간판이 늘어서 있다만, 길 찾기가 여간 수고로운 게 아니다.

매번의 탐방 길이 늘 그렇지만. 여기서도 몇 군데를 들러 물어보나 아는 이들이 별로 없다. 초등학교와 지척의 거리인데도 아이들이건 마을 주민들이건 모두가 무심하다. 하긴 마을에 후손들도 별로 남아있지 않고, 온 산이 무덤 투성이일뿐더러, 제 조상의 산소도 잘 모르는 세상인데 남의 조상 묘소에 무슨 관심이 있으랴.

단편적이나마 내 고장에 대한 이해와 그에 따른 교육이 필요하다는 생각을 하면서, 언제나처럼 마을회관을 찾아 촌로들에게서나 겨우 입소문으로 얻어들어야 했다.

홍랑의 묘소는 청석정이라는 음식점이 있는 작은 마을 뒤 산자락에 있었다. 세 개의 산소가 내리닫이로 이어져 있어 한눈에 알

▲ 최경창 발치에 묻혀있는 홍랑의 묘

아볼 수 있을 만하다. 맨 위의 것이 최경창의 묘로 부인과 합장되었고, 홍랑은 바로 아래 가운데 누워있다.

입구에 시비(詩碑)가 서 있으니, 앞면은 '고죽시비(孤竹詩碑)'라 음각하여, 홍랑의 시를 한시 번방곡(飜方曲)으로 번역하여 기록해 두고, 뒷면은 '홍랑가비(洪郎歌碑)'로 '묏버들…' 시조를 새겨두었다.

두 사람의 시비를 따로 세워두지 않고, 이렇게 하나의 비석 양면에 적어둔 것은, 살아서 못다 한 정을 죽어서나 한 몸 되어 지내라는 후인들의 뜻인지도 모르겠다. 비천한 신분으로 그나마 사랑하는 사람의 발치에라도 묻힐 수 있었던 것은 홍랑의 지극한 정성을 후손들이 차마 외면할 수 없었던 데에서 연유한다.

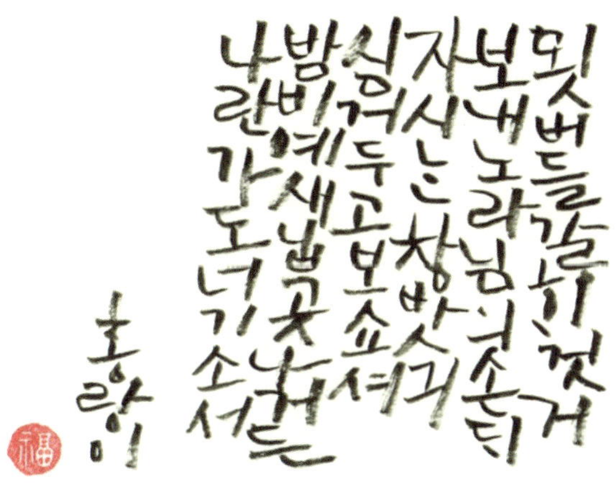

▲ 홍랑의 시조 전문

몽매에도 잊지 못하고 그리던 임을 찾아 이레 동안이나 걸어서 먼 길을 올라왔으나, 마침 명종비의 국상 중이었다. 국상 중에 기녀가 찾아온 것이 말미가 되어 최경창은 벼슬에서 파직되고 홍랑은 앞에 임을 두고도 만나지도 못한 채 내려가야 했다.

후에 최경창이 복지되어 인지를 태하매 홍랑이 있는 함경도 종성부사를 자청하였다. 그러나 부임하다가 종성 객관에서 병을 얻어 누웠는데, 홍랑이 이 소식을 듣고 달려와 온갖 간호와 수발을 다하였지만 최경창은 끝내 병상에서 일어나지 못하고 그곳에서 운명하고 말았다. 이에 홍랑은 고향을 떠나 최경창의 무덤 아래서 삼 년간의 시묘(侍墓)살이를 받들고, 못다 한 자신의 애정을 평생 동안 수절로 지켰다.

미색의 용모에 문학적 재능, 악기와 서화 등의 예술적 소양까지를 두루 갖추고도 인간다운 삶을 이루지 못하고 숙명적인 멍에를 피할 수 없어 이슬처럼 사라져간 기녀들의 애원은 그들의 작품과 가락만큼이나 서럽고 절절하다.

기적(妓籍)에 오르게 되면 이팔청춘의 꽃나이에 기방에 들어가야 했다. 술이나 따르고 노래와 춤으로 사대부들의 노리개 노릇을 해야 했지만, 그들 중에는 학식과 재능을 겸비한 교양인이 적지 않았다. 평범한 지어미로서 한 남자의 사랑을 받으며 살아가고 싶은 본능적인 욕망은 언제나 그녀들의 마음을 괴롭게 흔들어대고 슬프게 만들었다.

현실적으로 불가능한 사회 규범임을 알면서도 어쩔 수 없는 사랑에 몸부림치며 절규하던 이름들이 어디 한둘이던가. 송도의 황진이와 성리학자 서화담, 부안의 이매창과 서민 문장가 유희경, 선천의 김부용과 평안감사 김이양 등등, 헤아리면 수도 없다. 그나마 후세에 기억이라도 해주는 이 있으니, 그것으로 족하다 해야 할까.

기껏 꽃다발 한 송이 놓아드리고, 석 잔 술 부으며 절을 올리고는, 꼭이 가야 할 곳도 없는데 저물어 가는 해를 등지고 나그네의 발길은 되돌아설 수밖에 없고나.

▼ '밤비에 새 닢곳 나거든 날인가도 너기소서'

39 지리산 변강쇠공원

▲ 백장공원비

남원에 '변강쇠 공원'이 있다는 것을 아는 이가 아직은 많지 않은 것 같다. 88고속도로 지리산 인터체인지를 나가면 바로 남원의 동면 인월리로, 지리산 북쪽 기슭 뱀사골이나 백무동으로 들어가는 입구가 된다. 인월에서 실상사가 있는 산내면으로 가다 보면 중간쯤의 거리에 길목 왼쪽으로 여러 개의 나무장승과 조형물들을 쉽게 볼 수 있는데, 이곳이 1989년에 조성된 변강쇠공원으로 일명 백장공원이다.

아직 항간에 소문이 익숙하지 않아 그냥 스쳐 가기 십상일 수도 있으나, 개울 따라가는 밋밋한 길에 홀연 경치와 풍광이 남다르게 들어오는 곳이 있으니, 잠시 둘러보며 보신하는 기분으로 강쇠와 옹녀의 기력을 받아 볼 일이다.

공원의 위치는 남원시 산내면 대정리 백장암 계곡으로, 변강쇠와 옹녀가 자신들만의 쾌락적 이상향으로 삼았던 작품 속의 배경이다. 선남선녀들의 영원한 동경의 대상, 왕성한 정력가의 상징 변강쇠와 옹녀는 '가루지기타령'에 등장하는 장부와 여걸의 인물이다.

'횡부가(橫負歌)' 혹은 '송장가'라고도 부르나, '변강쇠 타령'으로 더 잘 알려져 있고 고창의 동리 신재효 선생이 정리한 판소리 여섯 마당 중의 한 편이다. 후에 내용이 음란하다 하여 이 작품을 빼고, 현재는 다섯 마당으로 불리고 있다.

▼ 백장공원의 유래를 적은 안내문

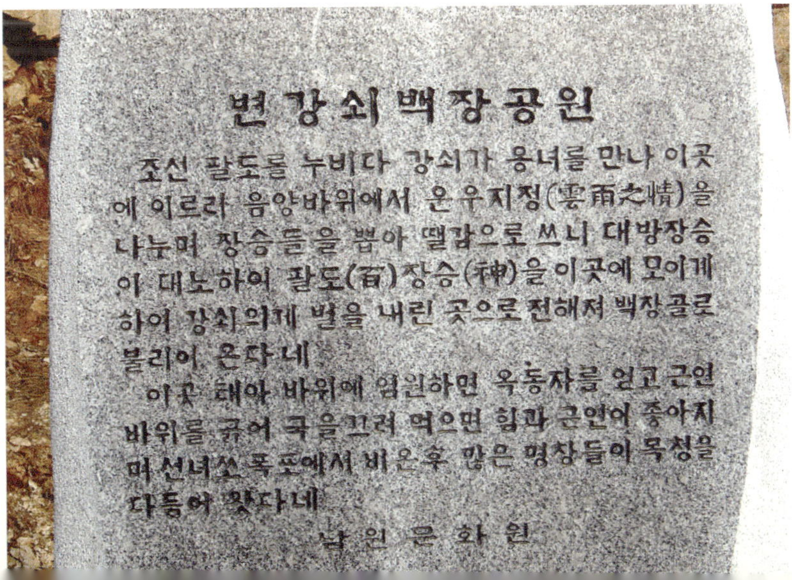

평안도 월경촌의 옹녀(雍女)는 나이 열다섯부터 스물이 될 때까지 매년 서방이 차례로 죽어 여섯 명을 잃은 희대의 음녀(淫女)이다. 송장 치르기에 지친 그녀는 새 삶을 찾아 남으로 내려오다가 개성 청석관에서 영남 출신의 탕자 변강쇠(卞剛釗)를 만나 즉석에서 천부적인 음양의 재주를 한껏 즐기고는 부부의 연을 맺고 지리산으로 들어간다.

어느 날 강쇠가 지리산 일대의 장승들을 뽑아다가 땔감으로 쓰고서는 전국 장승 신들의 화를 입어 장승처럼 꼿꼿이 굳어 죽었다.

옹녀는 그 송장을 치워주는 사내와 결혼하겠다며 중(僧)과 초라니, 풍각쟁이 등, 여덟을 불러들였으나, 강한 음기 탓에 그들마저 번번이 시체로 굳어 나간다는 살부(殺夫)의 운명을 타고난 한 여인의 고단하고도 해학적인 이야기다.

남녀 구별이 엄격하고 성 윤리가 폐쇄적이던 당시의 사회적 인습에도 불구하고, 인간의 성적 욕구에 대한 적나라한 묘사는 대단한 서민의식의 자각이요, 터부시되던 성 모럴의 표면화와 개방화 풍조의 일면을 드러내고 있다. 중국의 금병매(金甁梅)에 비견할 만큼, 성에 대한 직설적 표현과 노골적인 음담패설의 구사가 외설적이고 조잡하기는 하지만, 생기발랄한 서민들의 말과 행동에서 오히려 골계미마저 느끼게 한다.

▼ 변강쇠와 옹녀의 조각상

▲ 해학적인 두 장승

섹스는 조물주로부터 부여받은 신성한 능력이고 본능이다. 인간의 역사가 시작된 이래 성(性)의 문제는 무엇보다도 가장 우선시되고 중요하게 여겨지는 첫째 화두라 해도 지나친 말은 아니다. 일반적인 생명체의 성적 활동은 종족 유지를 위한 본능적 행위에 불과하다. 그러나 인간의 성적 행위와 활동은 생식을 위한 수단에 국한되는 것이 아니라, 그 이상의 유희적 쾌락 기능이 더 중요한 몫을 차지한다고 볼 수 있다.

인류의 과거 역사가 성(性)을 차지하고 누리기 위한 쟁탈의 연속적 과정인 것과 같이, 인간의 일체 행위 또한 섹스와의 관련이 없이는 의미마저 존재하기 어려운 것이다.

전통적 우리 사회의 통념으로는 성에 대한 인식이 이중적으로 평가되어, 외형적으로 금기시하면서도 내면적으로 은밀하게 즐기고 왔던 것이다. 이 같은 표리부동의 폐쇄적 윤리를 공공연히 드러내어 일상적 삶의 한 모습으로 희화한 것은 성도덕의 해방과 자유를 긍정적 입장에서 표면화한 것일 수 있다.

▲ 변강쇠공원(백장공원) 전경

▼ 함양에서 발견된 강쇠와 옹녀의 무덤

판소리 원전엔 변강쇠와 옹녀가 지리산에 들어온 곳이 경상도 함양으로 나오지만, 함양과 남원은 마을 하나 거리인데 아무려면 어떠랴. 남원은 판소리 동편제의 본고장이다. 뿐만 아니라, 춘향전이나 흥부전의 배경이 되는 국문학의 보고다.

남원 고을에 변강쇠 공원을 만들어 또 하나의 유적지로 가꾸어 나간다는 것은 새로운 문화를 창조하는 일로 매우 의미 있고 자랑스러운 노릇이다. 변강쇠공원엔 강쇠와 옹녀가 포옹하는 모습의 대리석상이 있고, 남근을 조각한 목상(木像)이 우람한 모습으로 버티고 있는 모습이 이채를 더한다.

또한, 여러 개의 장승과 솟대, 공원비 등의 조형물들이 주변의 산수와 어울리고, 백장암 계곡엔 변강쇠가 양기를 얻었다는 득독골과 옹녀의 음산한 기운이 감도는 옹녀탕, 남녀의 성기를 닮은 음양바위 등이 새로운 명소의 의미를 더한다.

근래 경상도 함양 땅에서 변강쇠와 옹녀의 무더미 발견되었다고 떠들썩이다. 함항에서 지리산 들어오는 길목 오도재를 올라오면 오른편으로 '변강쇠옹녀촌'이라 적은 커다란 돌비석이 보인다. 오솔길을 올라가다 보면 옹녀 샘이 있고 중간에 옹녀상이 두어 곳, 작은 능선 위에 낡은 무덤 두 개가 나란히 있는데, 왼편이 옹녀이고 오른편이 강쇠의 무덤이라는 푯말을 꽂아두었다. 확실한 고증이야 알 수 없지만, 지방자치제가 되면서 문화재나 명소를 발굴하고 늘려가는 것은 그런대로 의미 있는 일이다.

40 흥부마을

▲ 흥부가 출생한 성리 마을비

흥부마을을 찾아 나섰다. 그곳은 작품 속의 배경으로 가상의 공간이어도 좋고, 착하고 어진 마음씨를 지닌, 가난한 민초들이 살아가는 그 어디쯤 현실적인 공간이면 더욱 좋겠다.

흥부가 살던 마을을 판소리 여섯 마당 '흥보가'에서는 함양과 남원의 경계라 했고 고전소설 『흥부전』에서는 충청, 경상, 전라 3도의 어름인 보덕이라 했다.

작품의 배경이 현실적인 지명과 일치하는 것은 아니지만, 작중 인물이나 줄거리, 배경 등은 작가가 자신의 주변의 것들을 형상화하는 것이기에, 그 모델이 되는 것들을 추리하면서 실제의 상황과 연결시켜 확인해 보는 일도 일견 의미 있는 일이라 하겠다.

▲ 발복지 성산리의 마을 표식

흥부 마을은 남원에 두 곳이 있다. 아영면 성리와 인월면 성산리로 서로가 자기 동네를 흥부마을이라고 언쟁이 생겼는데, 국문학계에서 확인 답사 결과 성리는 흥부가 태어난 곳이요, 성산리는 이사 후에 복을 받고 살았던 마을로 정리했다. 그래 성리는 출생지, 성산리는 발복지의 푯말을 동구 밖에 세워두었다.

대전, 진주 간 고속도로를 달리다가 다시 88고속도를 접어들어 지리산 인터체인지를 빠지면 전라도 남원 땅으로 풍류와 낭만이 넘치고 동편제 소리꾼들을 길러낸 예술의 본향이다.

왼편으로 방향을 틀어 고속도로와 나란히 이어지는 길을 거슬러 오르면 아영면 소재지에 이르게 되고, 여기서 또 왼쪽으로 시골길을 오 리쯤 가면 성리(城里) 마을이다.

동구 밖에 높다랗게 세워둔 흥부 자식들의 올망졸망한 모습과 '생장지' 푯말이 보인다. 마을 입구의 조롱박 터널을 빠져나가면 널찍한 연못이 나타난다. 마을 주변으로 고둔터, 화초장 바위, 연비봉, 허기재, 연하다리 등등, 작품 속의 지명이 상당히 많이 그대로 전한다.

▲ 흥부네 가족을 형상화한 마을 입구의 조각상

▲ 출생지 성리마을 전경

인월면 성산리(成山里)를 찾아가면 흥부 내외의 박타는 모습 조각상과 '흥부마을'을 새겨둔 자연석 돌기둥이 마을비(碑)로 서 있으니, 여기가 곧 흥부가 복을 받고 생의 후반을 행복하게 살았던 발복지다. 흥부는 가난한 식솔을 먹여 살리기 위해 유랑 끝에 이 마을에 정착하였다.

마을회관에 들러 인상이 후덕한 중년 사내에게 마을 안내를 부탁하니, 쌀쌀한 날씨에도 성큼 나와 먼저 앞장서가며 자세한 설명까지 곁들인다. 마을은 산자락 완만한 경사지에 20여 가구가 올망졸망 담을 맞대고 있다.

좁다란 고샅길을 끼고 동네 위쪽으로 오르면 흥부네가 마셨다던 흥부샘이 있고, 다랑논 둑길을 지나 산밑에 새로 지어둔 흥부각 정자가 자리하고 있다. 마을 뒷등성이를 넘어가는 언덕배기가 곧 연소령(燕巢嶺), 고개를 돌아서면서 흥부의 모델이 되는 주인공 박춘보(朴春甫)의 묘가 쌍분으로 말끔하게 단장되어 동북 방향의 그늘에 눈으로 덮여 있다.

봉분 앞엔 주인공의 선덕비까지 세워 두었고, 연소령 고개엔 그의 덕을 추모하며 마을에서 공동으로 제사를 올리던 망제단이 제 모습을 그대로 유지하고 현재에도 해마다 중구절(음력 9월 9일)에 마을제를 드린다고 했다.

흥부의 성(姓)과 이름이 판소리 '박타령'에서는 박흥보(朴興甫)로, 소설에서는 연흥부(延興夫)로 각각 다르게 되어 있는 것도 이채롭다. 민간에 전해오던 설화 속의 가공인물이든, 고전 작품 속의 한 등장인물이든, 아니면 현실 속의 실존 인물이든 그것의 사실 여부를 애써 구분할 필요는 없다.

▼ 흥부 내외의 박타는 모습

인물에 대한 시시비비를 규정하는 것이 문제시되어서도 안 된다. 놀부를 악한 인물의 정형으로 설정하고, 이와 반대로 흥부를 선하고 우애 깊은 긍정적 인물의 전형으로 해석하는 것도 나로서는 그리 공감하지 않는다.

물론 유교적 이념에 입각한 당시의 윤리 의식으로는 동기간의 우애를 교훈적 가치로 내세울 수도 있고, 선한 자는 복을 받고 악한 자는 징계를 받는다는 인과응보의 도덕률을 기본 덕목으로 삼을 수도 있다.

이러한 평가와 판단보다는 당시의 사회상과 대비시켜 볼 때 새로운 해석이 가능하다. 조선 후기의 실사구시 사상이 흥부를 몰락한 양반의 무능한 인물로, 놀부는 새로운 경제에 눈을 뜨고 악착같이 재물을 모아 신분 상승을 꾀하려는 성공한 인물로 보는 것도 흥부전에 대한 현대적 재평가의 한 방편일 수 있다.

▼ 새롭게 단장된 흥부네 집